PENSER SA VIE
AVEC LES PHILOSOPHES

Pour Comprendre

Collection dirigée par Jean-Paul Chagnollaud

L'objectif de cette collection *Pour Comprendre* est de présenter en un nombre restreint de pages (176 à 192 pages) une question contemporaine qui relève des différents domaines de la vie sociale.

L'idée étant de donner une synthèse du sujet tout en offrant au lecteur les moyens d'aller plus loin, notamment par une bibliographie sélectionnée.

Cette collection est dirigée par un comité éditorial composé de professeurs d'université de différentes disciplines. Ils ont pour tâche de choisir les thèmes qui feront l'objet de ces publications et de solliciter les spécialistes susceptibles, dans un langage simple et clair, de faire des synthèses.

Dernières parutions

Julien CHAVANNE, *L'art comme empreinte,* 2019.
Gilles LÉVÊQUE, *A quoi sert la culture ?,* 2019.
Damien GIMENEZ, *La question de la liberté*, 2018.
Patrice VIVANCOS, *Économie et cinéma. Leurs liaisons dangereuses décodées au fil des 26 lettres de l'alphabet*, 2018.
Doh Ludovic FIÉ, *La pensée du beau chez Plotin. Une esthétique de la rupture*, 2018.
Xavier BOLOT, *Les illusions d'optique, une introduction à la pensée quantique du quotidien*, 2017.
Otto Maria CARPEAUX. *Histoire de la littérature occidentale de 1920 à 1980. Extraits,* 2010.
Michel PERRIN, *1848, Louis Blanc ou la fraternité en République. Un repère pour aujourd'hui*, 2017.
Elisabeth CHAMORAND, *La liste noire,* 2017
Paul NDA, *Sociologie politique, Pour comprendre ce qui se joue, se décide et se passe ici et ailleurs, avec sa géométrie variable,* 2017
Emmanuel FRAISSE, *Les anthologies en France*, 2017.

Dominique Josse

Penser sa vie avec les philosophes

De Descartes à Nietzsche

5-7, rue de l'École-Polytechnique, 75005 Paris

http://www.editions-harmattan.fr

ISBN : 978-2-343-17957-5
EAN : 9782343179575

INTRODUCTION

Ce présent ouvrage, qui fait suite à un livre précédent : « L'Actualité de nos vieux philosophes grecs » qui en était comme la première partie, est une histoire de la Philosophie.

Pourquoi aujourd'hui encore écrire un tel ouvrage alors qu'il existe d'excellentes histoires de la pensée philosophique écrites par d'éminents universitaires ? D'autant plus que je n'ai été qu'un simple professeur de cette discipline devenu chef d'établissement scolaire, mais qui a cependant toujours gardé quelques heures d'enseignement.

Mais mon expérience professionnelle et ma longue relation pédagogique avec les élèves de terminale m'ont fait toucher du doigt, avec une certaine souffrance, que la lecture des philosophes et de leurs commentateurs restait trop souvent difficile, voire déroutante, à mes élèves. En raison du grand sérieux du contenu et de la technicité souvent jargonnante de la langue. Et pourtant leurs attentes vis-à-vis de cet enseignement restaient fortes; ils en espéraient un apprentissage à penser avec méthode et rigueur, des éléments de réponses aux questions qu'ils se posaient, une préparation à la vie.

Beaucoup de leurs parents eurent l'occasion de me dire que, arrivés à la quarantaine ou à la cinquantaine, ils se sentaient plus désireux que leurs enfants à chercher dans les textes des philosophes un viatique pour mener leur existence avec sérieux. Mais ils rencontraient les mêmes difficultés d'accès à ces textes que leur progéniture.

Ayant toujours été un enseignant dans l'âme, le restant à la retraite, je me suis fait un devoir d'essayer d'écrire, pour ces élèves de terminale et leurs parents et pour tous ceux qui veulent approfondir leur réflexion et leur culture afin de vivre plus authentiquement, une histoire de la philosophie précise, mais concise, fidèle à la pensée des auteurs, mais rédigée dans un style simple et accessible. D'autant plus que je suis intimement persuadé que toute grande philosophie naît d'une intuition originelle simple que tout homme de bonne volonté peut comprendre, à condition qu'elle soit traduite en termes clairs. Le philosophe et historien de la philosophie, F. Alquié

(1906-1985) n'écrit-il pas «L'expérience que décrit le philosophe, tout homme sincère et attentif peut la retrouver en lui ; comme prétendre sans cela, que le rapport que le philosophe met en lumière soit celui même qui nous fait homme ». (La nostalgie de l'Être).

En effet les philosophes sont d'abord des hommes comme nous, et non pas des êtres éthérés comme on les présente souvent. S'il y a parmi eux quelques célibataires endurcis, ils ont pour la plupart une compagne ou une épouse et des enfants. Ils ne passent pas leur vie à réfléchir et à écrire. Ils ont un métier et sont engagés dans la vie de leur pays. Ce ne sont pas que des « littéraires » adeptes des langues classiques. Beaucoup se sont intéressés aux mathématiques et aux sciences ; certains sont même des savants reconnus. Pour beaucoup ce sont des Européens avant la lettre : ils ont voyagé, été attentifs à la diversité des milieux et des coutumes. Riches de ces expériences humaines, leurs pensées ont quelque chose d'universel. À travers leurs écrits, ils nous parlent de nous, de ce que nous sommes, de notre raison, mais aussi de nos passions, de nos attentes et de nos expériences, de notre vocation et de notre destinée, de nos souffrances et de notre mort. Ils analysent pour nous ce que sont les différentes œuvres humaines : la science et la technique, la morale et la religion, la cité et la politique.

L'un des plus grands philosophes de l'histoire, l'allemand Emmanuel Kant (1724-1804) résume ainsi ces questions existentielles qu'il étudie, qui furent les leurs et qui sont les nôtres : « Que puis-je savoir ? Que dois-je faire ? Que m'est-il permis d'espérer ? ».

Dans ce présent livre, afin de rendre plus aisées la lecture et la compréhension de la pensée des auteurs, j'ai suivi le même plan pour tous les chapitres. Après une rapide introduction qui annonce les grands axes de la pensée de l'auteur, la partie I : « le Contexte » précise le milieu intellectuel, scientifique, religieux et politique dans lequel l'auteur écrit, contexte qui détermine en partie sa pensée, contexte par rapport auquel il réagit et les problèmes auxquels il apporte des éléments de solution.

La partie II : « La Biographie » évoque les principaux moments de la vie de l'auteur qui ont influencé la naissance, la maturation et l'épanouissement de sa réflexion.

La partie III : « La pensée de… , analyse la pensée de l'auteur dans son mouvement et son développement en expliquant les principaux concepts utilisés. Dans cette partie, de courtes citations sont introduites pour rester au plus près de l'auteur.

Dans la IV partie : l'Actualisation, j'essaie de montrer en quoi la réflexion de l'auteur garde toute sa pertinence aujourd'hui et comment elle peut nous aider à penser les problèmes de notre monde actuel. Et pour ce faire, j'introduis des éléments de réflexion d'auteurs contemporains.

Pour achever cette introduction je me permets de donner la parole à Montaigne, mon auteur préféré, en reproduisant et en les modifiant quelque peu les premières lignes de ses « Essais » : « C'est ici un livre de bonne foi lecteur, Il t'avertit dès l'entrée, que je m'y suis proposé d'autre fin que de t'aider à mieux penser ta vie afin que celle-ci soit « bonne ».

1e partie
LA PHILOSOPHIE CARTÉSIENNE

Descartes
Spinoza
Malebranche
Leibniz

Abréviations utilisées :

D.M. : Le Discours de la Méthode – Descartes
M.M. : Les Méditations métaphysiques – Descartes
E. : L'Éthique – Spinoza

Chapitre 1
DESCARTES (1596 – 1650)

INTRODUCTION

René Descartes, l'homme du « Cogito », a été statufié en héros de la raison et de la méthode, mais c'est aussi un personnage de roman parti découvrir « le grand livre du monde » et qui connut une nuit de révélation philosophique au chaud dans son « poêle ». Amoureux de la vérité, il s'intéresse à la physique, mais surtout aux mathématiques et à la métaphysique à qui il veut restituer ses lettres de noblesse. Rompant avec la pensée aristotélicienne qui a nourri le Moyen Age, il est l'initiateur de la pensée moderne.

I – LE CONTEXTE

Descartes incarne le XVIIe siècle français : le goût de la raison dans les lettres et les arts, la naissance de l'esprit scientifique, le règne de l'autorité royale. Un homme lui ouvre le chemin : Michel de Montaigne (1533-1592). Celui-ci voyage en Europe pour soigner sa gravelle. Descartes, déçu de ses études, s'engage dans les armées des guerres européennes de l'époque. Montaigne dans *Les Essais* s'exprime à la première personne ; ainsi le fait Descartes dans *le Discours de la Méthode.* Tous deux sont des adeptes du doute ; mais si le premier s'installe dans le scepticisme, le second poursuit avec passion la vérité.

En continuité avec les premières découvertes scientifiques de la Renaissance, le XVIIe siècle donne naissance à l'esprit scientifique moderne. Pascal et Descartes complètent les travaux de Torricelli à propos de la pression atmosphérique. Gassendi, Fermat, Roberval, enrichissent les mathématiques de nouvelles branches : calcul différentiel et des probabilités, géométrie infinitésimale.

Après les désordres créés par les guerres de Religion (1562-1598), le pouvoir royal retrouve sa grandeur avec le règne de Louis XIII (1610 –1643) et surtout celui de Louis XIV (1643–1715). Deux grands ministres : Richelieu et Mazarin travaillent à restaurer la grandeur de la France. L'Église catholique restaure son crédit au Concile de Trente avec le mouvement de la Contre Réforme. Dans les lettres et les arts, la raison, la mesure et l'harmonie triomphent. Vaugelas et Malherbe déterminent l'idéal de clarté et de rigueur du goût classique. Au théâtre, la règle des trois unités s'impose. L'architecture, la sculpture et la peinture embellissent Paris de majestueux chefs-d'œuvre.

II – LA BIOGRAPHIE

René Descartes naît en 1596 à La Haye en Touraine, d'une famille de médecins et de magistrats. Perdant sa mère à 6 ans, il est élevé à la campagne par ses grands-parents. En 1607, il rentre au Collège de la Flèche dirigé par les Jésuites. L'enseignement y est centré sur la pensée aristotélicienne, mais ouvert à l'esprit humaniste et aux découvertes scientifiques. Déçu par « l'étude des lettres », il décide de voyager. Il s'engage dans l'armée protestante de Maurice de Nassau aux Pays-Bas. Il y fait la connaissance d'un jeune mathématicien Isaac Beeckman qui le persuade de l'utilité des mathématiques pour unifier l'ensemble des sciences grâce à une méthode universelle.

Quittant les Pays-Bas, il s'engage dans l'armée catholique de Maximilien de Bavière, en Allemagne. C'est là, lors d'une nuit d'hiver, en novembre 1619, qu'il est assailli par trois songes. Descartes ne doute pas que ces trois rêves lui viennent de Dieu qui lui confie la mission d'édifier l'ensemble des sciences sur des bases certaines et indubitables.

De retour en France, à Paris il fait la rencontre du Père Mersenne, fréquente les salons et peut-être les milieux libertins. Il se fait connaître comme un savant à la recherche d'une nouvelle méthode intellectuelle capable de remplacer la vieille discipline aristotélicienne. Mais Descartes craignant que cette recherche lui attire des ennuis, se réfugie dans la tolérante Hollande. Il y côtoie le savant Christian Huygens et rédige un opuscule : *Règles pour la direction de l'esprit* qui préfigure le *Discours de la Méthode*. Il commence aussi la rédaction d'un petit traité qui constituera la première mouture des *Méditations*

Métaphysiques. De cette époque date également un essai sur les météores, anticipation de son *Traité du monde* achevé en 1632, mais que Descartes ne fera pas paraître à l'annonce de la condamnation de Galilée par Rome le 22 juin 1633.

En 1637, paraît à Leyde le *Discours de la méthode pour bien conduire sa raison et chercher la vérité dans les sciences*. Plus *la dioptrique, les météores et la géométrie* qui sont les essais de cette méthode. Premier ouvrage écrit en français afin que les « femmes et la servantés » puissent le lire ; c'est un véritable chef-d'œuvre, mais qui rencontre peu d'écho. En 1641 paraissent en latin à Paris les *Méditations métaphysiques*, avec le titre suivant : *Méditations touchant la première philosophie dans lesquelles l'existence de Dieu et l'immortalité de l'âme sont démontrées*. Cette parution déchaîne la critique. Descartes est taxé d'athéisme, et pour sauvegarder sa tranquillité il change de résidence. Il travaille à la rédaction des *Principes de Philosophie*, ouvrage destiné à l'enseignement de sa pensée. C'est alors qu'il fait la connaissance de la princesse Elizabeth, avec qui il entame une correspondance épistolaire, et des diplomates Chanut et Clerselier qui vont le mettre en relation avec la reine Christine de Suède.

Avec Elisabeth de Bohème, la correspondance aura pour sujet principal le problème de l'union de l'âme et du corps et celui des passions. Il en résultera le *Traité des Passions*. La reine Christine de Suède reçoit en son royaume des gens de lettres, des savants et des ingénieurs. Voulant s'initier à la philosophie, elle invite Descartes à venir sa cour. Ce dernier hésite, mais lassé de la Hollande, accepte. Les cours de philosophie sont donnés à 5 heures du matin. Mais bien vite, la reine se lasse et Descartes déchante. Il prend froid « au pays des ours » et contracte une pneumonie. Il meurt le 11 février 1650. D'abord enterré en Suède, il est inhumé en grandes pompes en 1667 à l'abbaye St Geneviève. Le Directoire refusera de le transférer au Panthéon. En 1821, le paléontologue Cuvier récupère son crâne, actuellement exposé au Muséum d'Histoire naturelle, près du crâne de l'homme de Cro-Magnon !

III – LA PENSÉE DE DESCARTES

1) Le projet

Descartes ressent douloureusement la rupture qui se produit à son époque entre l'ancienne philosophie aristotélicienne enseignée à l'Université et l'émergence de la pensée scientifique moderne fondée sur l'expérience et les mathématiques. Son but est de reconstruire l'unité du savoir, de rétablir le lien entre la science et la métaphysique qui, pour lui, constitue le fondement de la connaissance. Au Collège de La Flèche, autant il s'est « plu aux mathématiques à cause de la certitude et de l'évidence de leurs raisons », autant il a été troublé par l'incertitude des raisonnements métaphysiques : « il ne s'y trouve encore aucune chose dont on ne dispute, et par conséquent qui ne soit douteuse (D.M.I).

Aussi Descartes prend-il la résolution de mettre en doute ses connaissances : « Je ne pouvais mieux faire que d'entreprendre une bonne foi, de les en ôter, afin d'en remettre par après ou d'autres meilleurs, ou bien les mêmes lorsque je les aurais ajustées au niveau de la raison ». (D.M.II). Mais l'entreprise est hasardeuse et Descartes n'est pas un sceptique. Il lui faut donc mettre au point une méthode assurant l'efficacité du doute, mais surtout lui permettant de découvrir la vérité.

Cette décision de mettre en doute ses connaissances au moyen d'une méthode appropriée est l'acte de naissance du cartésianisme. Et le point de départ d'une longue chaîne de découvertes métaphysiques, celle de son existence en tant qu'être pensant, celle de l'existence de Dieu, de l'immortalité de son âme et celle de la confiance qu'il peut avoir en la réalité du monde. Ces vérités découvertes ne sont pas qu'intellectuelles et rationnelles, elles sont vécues et existentielles. La philosophie de Descartes est une ontologie ; elle ne porte pas seulement sur l'essence des choses, elle rencontre leur être, elle expérimente leur existence.

2) La Méthode

La méthode cartésienne est calquée sur la démarche de l'analyse mathématique. La première règle consiste à n'admettre pour vrai que ce qui se découvre comme « évident », c'est-à-dire « si clairement et distinctement à mon esprit que je n'aurais aucune occasion de le mettre en doute » (DMII). Pour Descartes, est évident ce qui s'impose à l'esprit et qui résiste à l'entreprise destructrice du doute. La seconde règle, celle de l'analyse, consiste à « diviser chacune des difficultés que j'examinerai en autant de parcelles qu'il se pourrait et qu'il serait requis pour les mieux rechercher » (DMII). La troisième, celle de l'ordre, complémentaire de la précédente, impose de « conduire par ordre mes pensées, en commençant par les objets les plus simples et les plus aisés à connaître, pour monter peu à peu, comme par degrés, jusqu'à la connaissance des plus composés (DMII). La dernière règle, celle des dénombrements, est la conséquence de la seconde : les parties décomposées seront réunies en suivant l'ordre de complexité croissante.

La méthode cartésienne est l'application à la philosophie de raisonnement déductif mathématique. Elle affirme l'indépendance de la raison, le rejet de l'argument de l'autorité. Il s'agit donc dans l'histoire de la pensée d'une rupture fondamentale fondatrice du rationalisme moderne.

3) Le doute

Déçu par son éducation, n'ayant pas trouvé « dans le grand livre du monde » la vérité qu'il recherchait, sensible aux erreurs des sens et conscient qu'avant d'être adultes nous sommes des enfants sous l'emprise de nos «appétits et de nos précepteurs », Descartes, à la suite des trois fameux songes de la nuit de novembre 1619, prend la décision irrémédiable de passer toutes ses connaissances au crible du doute. « Maintenant donc que mon esprit est libre de tous soins et que je me suis trouvé un repos assuré dans une paisible solitude, je m'appliquerai sérieusement et avec liberté à détruire généralement toutes mes anciennes opinions » (MMI).

Le doute cartésien ne ressemble en rien à celui des philosophes sceptiques de l'Antiquité. Pyrrhon d'Elis (365-275), ne veut plus rien affirmer et se détache de tout ; à la même époque Sextus Empiriqus affirme la relativité de tout jugement. Il n'est pas non plus celui de Montaigne : « Que sais-je ? » Le doute cartésien n'est pas une fin en soi, il n'est qu'un moyen pour accéder avec certitude à la vérité. Aussi pour parvenir à cette fin, est-il méthodique, généralisé, mais aussi hyperbolique. Même ce qui apparaît probable est rejeté. Il est poussé à bout, exagéré, outré. Et pour ce faire Descartes émet l'hypothèse « d'un malin génie qui ait voulu que je me trompe toutes les fois que je fais l'addition de deux et de trois ou que je nombre les côtés d'un carré » (MMI). Le doute cartésien est donc provisoire, c'est un chemin pour accéder à la vérité, pour faire la rencontre de l'être et de l'existence.

4) Le Cogito

La découverte de la réalité irréfragable du sujet pensant est le premier résultat de l'épreuve du doute : « Mais aussitôt après je pris garde que pendant que je voulais ainsi penser que tout était faux, il fallût nécessairement que moi, qui le pensais, fusse quelque chose » (DMIV). C'est le fameux et célèbre « cogito ».

Il y a en fait dans l'œuvre de Descartes deux formulations du Cogito : celle du Discours et celle des Méditations.

Le Cogito du *Discours* est celui d'un Descartes logicien et scientifique ; il porte sur la nécessité du lien logique entre la pensée et l'existence. Pour douter il faut penser et pour penser il faut exister : « Et remarquant que cette vérité : je pense donc je suis, était si ferme et si assurée, que toutes les plus extravagantes suppositions des sceptiques n'étaient pas capables de l'ébranler » (DMIV). Remarquons cependant que ce lien est pensé et conçu plus par une intuition que par un raisonnement. Il est de l'ordre d'une aperception vécue.

Ce que confirme le Cogito des *Méditations* qui exprime l'expérience de la découverte de l'existence du sujet pensant dans son être même : « Je suis, j'existe, est nécessairement vrai, toutes les fois que je la prononce ou que je la conçois en mon esprit » (MMII). Ici, il ne s'agit en rien d'un raisonnement, mais d'une expérience vécue, d'une illumination. Ce que confirme Jean Wahl « C'est par une intuition, c'est-à-dire une saisie immédiate que Descartes saisit l'être : il n'y a là nul raisonnement, nulle succession de temps » (Tableau de la philosophie française p. 13).

Dans le Cogito, l'essentiel n'est pas le « je pense », mais le « je suis ». Il est la découverte évidente, claire et distincte de l'être, de l'existence du sujet qui pense, de la personne pensante. En cela Descartes apparaît comme l'ancêtre de la philosophie moderne centrée sur la prééminence du sujet humain. Le Cogito possède un autre intérêt. Par son évidence irréfutable, sa clarté et sa distinction, il devient le modèle des vérités à découvrir. « Et ayant remarqué qu'il n'y a rien de tout en ceci : je pense donc je suis qui m'assure que je dis la vérité sinon que je vois très clairement que pour penser il faut être : je jugeai que je pouvais prendre pour règle générale, que les choses que nous concevons fort clairement et distinctement, sont toutes vraies » ((DMIV). Ce qui confirme la rupture opérée par Descartes avec les Anciens. Pour ceux-ci, le Cosmos était la source de toutes vérités ; pour Descartes, la vérité se tient désormais du côté du sujet.

5) Dieu

Armé du Cogito, Descartes se tient assuré de son existence ; mais il est seul. L'existence de Dieu et du monde n'est pas confirmée. Pour sortir de ce soliloque, Descartes entreprend d'analyser l'idée de Dieu ; idée qu'il a en son esprit et qui lui apparaît extraordinaire. Cette idée est celle d'un être infini ; comment lui un être fini et imparfait peut être à l'origine de cette idée ? « Or ces avantages sont si grands, si éminents que plus attentivement je le considère, et moins je me persuade que l'idée que j'en puisse tirer son origine de moi seul. Et par conséquent, il faut nécessairement conclure de tout ce que j'ai dit auparavant, que Dieu existe » (MMIII).

Pour bien comprendre ce raisonnement, il faut se rappeler que dans la pensée aristotélicienne dont Descartes reste en partie dépendant, il ne peut y avoir dans la cause d'une idée moins de réalité que dans l'idée même. Mais Descartes va bien au-delà de la logique ancienne dans cette affirmation de l'existence de Dieu. Comme dans le Cogito, il s'agit moins d'un raisonnement que d'une intuition, d'une expérience ontologique. D'une façon vécue et éprouvée, Descartes saisit que sa finitude appelle et requiert l'existence de l'infinitude de Dieu. En termes cartésiens, l'idée « d'être parfait » est une « idée innée » que le sujet humain porte en lui comme la marque et le signe de son créateur. « Je n'aurais pas néanmoins l'idée d'une substance infinie, moi qui suis un être fini, si elle n'avait été mise en moi par quelque substance qui fût véritablement infinie » (MMIII). L'assurance de l'existence de Dieu est, chez Descartes, une sorte d'expérience spirituelle qui rejoint ce qu'écrit St Augustin (354-430) dans ses « Confessions » : « Dieu plus présent à moi que moi-même » (III.6.II).

Dans la 5e Méditation, Descartes formule d'une autre façon son assurance en l'existence de Dieu, en reprenant la preuve ontologique de St Anselme (1033-1109). « De cela seul que je ne puis concevoir Dieu sans existence il s'ensuit que l'existence est inséparable de lui, et partant qu'il existe véritablement ». Dans sa « Critique de la raison pure » Kant (1724-1804) réfutera cette preuve en expliquant que l'essence et l'existence ne sont pas de même nature, du même niveau ; l'essence se conçoit, se pense alors que l'existence se rencontre, s'expérimente. Mais le critique kantienne n'entache pas la démarche cartésienne. Comme la preuve à partir de l'idée de Dieu comme être infini et parfait, dans cette méditation, il s'agit moins d'un raisonnement que de l'expérience spirituelle de la relation vivante entre l'existence du sujet pensant et de l'existence de Dieu. La pensée ne peut se concevoir, mieux se saisir que sur la base originelle et fondatrice de l'existence de Dieu. Ferdinand Alquié écrit : « L'idée de Dieu contraint la pensée à sortir de soi,… elle révèle, une fois encore l'Etre présent en nous » (Descartes, p.106-107).

La métaphysique cartésienne comporte deux pôles indissociables : l'existence du sujet pensant et l'existence de Dieu. La philosophie cartésienne est une véritable ontologie qui n'est pas sans rapport avec la démarche du croyant. Ce que confirme Jean Wahl : « Au sommet de l'univers cartésien, il y a donc un Dieu souverainement réel, source de toute valeur et de toute vérité, équivalent de ce qui est le Bien au sommet du monde platonicien ». (Tableau de la philosophie française. P18).

6) Le Monde

Il reste à Descartes à affronter les arguments qui peuvent le faire douter de la réalité du monde extérieur. Celui-ci ne serait-il pas seulement qu'une production de son esprit ? « Il ne me reste plus maintenant qu'à examiner s'il y a des choses matérielles » (MMVI). Les raisons qu'il a de mettre en doute la croyance spontanée en l'existence de ce monde sont nombreuses : les erreurs des sens, la confusion entre la vie éveillée et les rêves. Sans compter les hypothèses hyperboliques du « Dieu trompeur » et du « malin génie »

Pour sortir du solipsisme, Descartes en revient à la découverte fondamentale pour lui de l'existence de Dieu, en faisant appel à la « véracité » de celui-ci. Dieu étant parfait, il ne peut le tromper quand spontanément, il pense que le monde existe : « Il n'y a point de doute que ce que la nature m'enseigne contient quelque vérité. Car par la nature, considérée en général, je n'entends maintenant autre chose que ce que Dieu a établi dans les choses créées (MMVI).

Il faut noter que chez Descartes l'assurance dans la réalité de l'existence du monde extérieur n'arrive qu'en troisième position, contrairement à l'expérience empirique commune. Pour Descartes, l'être et l'existence du monde sont totalement dépendants de l'existence du Dieu. En lui-même le monde n'est que néant ; il n'existe que par l'acte créateur de Dieu. Il ne subsiste que par l'acte de la « création continuée» de Dieu. Descartes est éminemment convaincu de la contingence, de la facticité de la création. Il s'agit là encore d'une profonde rupture avec la philosophie antique, pour qui le Cosmos possède en lui-même et par lui-même son être et son existence, son essence et sa subtance. Descartes « désenchante» l'univers, le vide de sa raison d'être, de son autonomie. Et en dédivinisant ainsi la nature il rend possible la démarche scientifique et technique moderne. C'est l'invitation que lance Descartes à la fin du Discours ; « Sitôt que j'ai eu acquis quelques notions générales touchant la physique, et que commençant à les éprouver en diverses difficultés particulières j'ai remarqué jusqu'où elles peuvent conduire… Et comment nous les pourrions employer en même façon à tous les usages auxquels ils sont propres, et ainsi nous rendre comme maîtres et possesseurs de la nature » (DM II).

IV – ACTUALISATION

Le Cogito cartésien qui est la découverte indubitable de l'existence du sujet pensant nous invite à réfléchir sur l'identité et l'originalité de la personne humaine. Cette réalité originale qu'est la personne humaine et cette valeur fondamentale qu'elle représente ont été largement « déconstruites » par les sciences humaines et sociales ainsi que par la philosophie contemporaine qui n'ont de cesse que de les réduire à ses déterminations biologiques, psychologiques, économiques et sociales. Marx n'en fait qu'un reflet des structures et des rapports de production. Freud les résume aux pulsions du moi infantile et du « ça ». Pour Foucault, elles se réduisent à un jeu de pouvoir et pour Bourdieu à un héritage culturel. Pour les biologistes, l'homme se résume à ses gènes. Quant à notre monde postmoderne, l'homme n'est rien de plus qu'un consommateur compulsif centré sur son ego, perdu dans le monde virtuel d'internet et réduit à sa célébrité sur les réseaux sociaux.

Descartes nous rappelle à rebours du nihilisme et du relativisme postmodernes, la noblesse et le mystère de la personne humaine ouverte à la transcendance. En cela, il peut être considéré comme l'ancêtre du mouvement personnaliste dont les principaux représentants ont été Martin Buber (1878-1965), Gabriel Marcel (1889-1973), Vladimir Jankélévitch (1903-1983), Emmanuel Mounier (1905-1950) et Paul Ricœur (1913-2005). En philosophie, le personnalisme affirme la primauté et la dignité métaphysiques de la personne humaine qui ne peut, en aucun cas, être réduite à ses seules déterminations bio-psycho-socio-économiques. Il distingue radicalement la personne humaine de l'animal – que les antispécistes veulent égaler à l'homme- qui ne comporte que des individus. Il reconnaît en l'homme une source de liberté et de création qui introduit un principe d'imprévisibilité. Il revendique la primauté de la personne humaine par rapport à tous les appareils collectifs et étatiques. Pour le personnalisme, l'homme n'est jamais achevé, il est appelé à l'incarner, une vocation unique ; il est à la fois du monde et transcendant au monde. Jean Lacroix, autre philosophe personnaliste, écrit : « La personne n'est ni l'individuel ni l'universel, mais bien plutôt un au-delà qui commande une tension entre l'individuel et l'universel. La personne a pour vocation de répondre à un appel qui la dépasse et l'invite à se dépasser ».

CONCLUSION

Descartes a profondément marqué la pensée française et la philosophie occidentale. Avec lui s'opère une rupture profonde avec la pensée aristotélicienne qui régnait sans partage dans l'enseignement pendant tout le Moyen Age, et même jusqu'au XVII siècle. Descartes est en quelque sorte, le héraut annonciateur de la pensée moderne. Péguy (1873-1914) écrit justement de lui : « Descartes dans l'histoire de le pensée, ce sera toujours ce cavalier français parti d'un si bon pas ».

Ce cavalier de la raison montrera le chemin à trois principaux disciples : le hollandais Spinoza (1632-1677), le français Malebranche (1638-1715), l'allemand Leibniz (1646-1716). Ces trois disciples s'attacheront à solutionner les questions laissées en suspens par Descartes.

Chapitre 2
SPINOZA (1632-1677)

INTRODUCTION

À Amsterdam, au XVII siècle, un jeune commerçant juif, érudit bibliste, excommunié par sa communauté, écrit en silence tout en polissant des lentilles un des livres les plus originaux produits par l'esprit humain : l'*Éthique*. Ce livre qui fit scandale à son époque et qui aujourd'hui est encore débattu, fut écrit « more géométrique », selon la méthode mathématique prônée par Descartes. Dans ce livre Spinoza identifie Dieu et la nature : « Deus sive natura » et il nie la liberté humaine. Considéré comme athée par ses contemporains, Spinoza est sans doute le philosophe le plus religieux. De lui, Nietzsche (1844-1900) écrira : « Le penseur le plus anormal et le plus solitaire qui soit, m'est très proche : il nie l'existence de la liberté, de la volonté, des fins, de l'ordre moral, du monde, du mal » !

I – LE CONTEXTE

Pour bien comprendre Spinoza, il est important de savoir qu'il descend d'une famille de « marrânes » portugais et qu'il vit en Hollande, pays de marins et de commerçants, réputé pour sa tolérance.

En 1579, l'Union d'Utrecht donne naissance aux «Provinces Unies » qui deviennent indépendantes de l'empire des Habsbourg. Dans une Europe gouvernée par des régimes absolutistes, elles deviennent un îlot de paix, de prospérité et de tolérance. La principale ville Amsterdam prospère comme le magasin général de l'univers – où affluent les richesses d'au-delà des mers. Avec le commerce, se développe le goût de la liberté et de la tolérance. Alors qu'ailleurs on brûle des livres, à Amsterdam prospèrent 273 éditeurs –libraires ; en 1641 y sont publiées les *Méditations métaphysiques* de Descartes.

Tandis qu'en Europe, les Églises et les États imposent l'obéissance à leurs sujets, les Provinces-Unies connaissent une rare liberté religieuse et les diverses confessions jouissent du droit de culte, de réunion et d'association. À côté des trois grands cultes : calviniste, catholique et juif, prolifèrent une multitude de sectes protestantes : remontrants, gomaristes, mennonistes, anabaptistes, sociniens, sans compter les libres penseurs.

Cette liberté et cette diversité religieuse sont propices à la relativisation des dogmes et à la recherche d'une conception plus épurée de Dieu. Ce qui sera la démarche du jeune Spinoza étouffant sous la dictature des rabbins.

Les marranes sont des juifs espagnols ou portugais qui ont dû se convertir au catholicisme suite à la Reconquête (fin du XIe siècle – 1492, prise de Grenade), mais que l'Inquisition soupçonne de pratiquer leur religion en secret. Pour fuir les persécutions, beaucoup se réfugient en Hollande, comme la famille de Spinoza originaire de Coimbra qui émigra au début du XVII siècle. Amsterdam, la tolérante octroie à ces « conversos » un statut propre leur permettant de repratiquer le judaïsme et de se gouverner eux-mêmes. La communauté est dirigée par un Conseil : le « Mahamat » qui veille au respect de l'orthodoxie et soumet les fidèles au poids de la tradition et de la loi juives. Très vite Spinoza, en raison de sa liberté d'esprit, va se retrouver en porte à faux par rapport à sa communauté.

II – BIOGRAPHIE

Baruch Spinoza naît en 1632, perd sa mère à 6 ans, ce qui expliquera en partie son caractère anxieux à la recherche du salut. Jeune, il apprend la Bible, puis s'initie à la philosophie juive en lisant le philosophe Maïmonide (1138-1241) et Ibn Ezra (1092-1167) dont il retiendra la méthode d'explication et de critique des Écritures. Il s'initie au latin, à la philosophie scolastique en lisant Thomas d'Aquin (1225-1274). Il consulte aussi les philosophes néoplatoniciens de la Renaissance tels Marsile Ficin (1433-1499) et Giordano Bruno (1548-1600) à qui il empruntera la conception de la nature assimilée au divin. Il lit Descartes et découvre la science naissante. À la mort de son père, il doit reprendre le négoce familial, mais les affaires périclitent.

Il suit le culte de la communauté juive, tout en développant une large ouverture d'esprit et un esprit critique. D'autant plus que la communauté connaît de vives tensions avec l'arrivée de nouveaux « conversos » formés à l'université et habitués à une certaine liberté de pensée, comme Uriel da Costa et Juan de Prado. Le premier, niant l'immortalité de l'âme et réduisant la loi mosaïque à la loi naturelle est expulsé puis réconcilié pour finir frappé de 39 coups de fouet devant la Synagogue ; châtiment auquel assiste Spinoza à 8 ans. Humilié et broyé, Uriel fini par se suicider. Juan de Prado, qui nie l'élection du peuple juif, est condamné puis exclu.

À l'image de ces deux hommes, Spinoza se détache de l'emprise des rabbins qui le traitent d'athéisme, car il affirme que l'âme est mortelle. Vu la personnalité de Spinoza et pour empêcher un scandale, les rabbins proposent un accommodement que Spinoza refuse. Le 27 juin1656, ces derniers prononcent à l'encontre de Spinoza le « Herem », l'excommunication. Loin d'en être affecté, Spinoza se trouve libre et disponible pour poursuivre ce qu'il appelle « sa philosophie ».

Condamné à l'isolement total, Spinoza apprend le métier de polisseur de verre pour vivre. D'abord établi dans la banlieue d'Amsterdam, il s'installe bientôt à Rijnsburg où il vit sobrement entouré d'amis et bientôt de disciples. Spinoza approfondit sa pensée et rédige une esquisse de son maître livre esquisse qui ne sera publiée qu'en 1862 sous le titre de *Court traité de Dieu, de l'homme et de sa béatitude*. Il entreprend la rédaction du Traité de la réforme de l'entendement resté inachevé et publié qu'après sa mort. Ce traité est une introduction, mais aussi un complément à l'*Éthique*. En 1663 il publie le seul livre portant son nom : *Les Principes de la philosophie de Descartes*, démontrés géométriquement par Benoît Spinoza ; Benoît étant le nouveau prénom qu'il s'est donné pour signifier sa rupture avec le judaïsme. Ce livre est écrit pour un élève dont il est devenu le précepteur. Spinoza y expose la philosophie cartésienne et s'essaie à la méthode géométrique selon laquelle sera rédigée l'*Ethique*.

Ayant changé de domicile pour préserver sa tranquillité, expérimentant ses idées en conversant avec ses amis et disciples, Spinoza rédige ses deux principaux livres. En 1670 paraît le *Traité théologico-politique* dans lequel Spinoza, avant

Ernest Renan (1823-1892), définit les règles de l'étude historique et critique les Ecritures, et propose de soumettre l'autorité religieuse à l'autorité politique. Le second et principal livre *l'Éthique* résulte d'un long travail de réflexion remontant à l'époque du Herem et ne sera publié qu'en 1677, après sa mort. À propos de ce livre magistral, Joseph Moreau écrit : « Une des plus étonnantes productions de l'esprit humain. Il n'est d'ouvrage comparable à ce traité en forme géométrique qui partant d'un petit groupe de définition et d'axiomes… explique avec une audace tranquille la nature de Dieu et de l'âme humaine et conclut que le souverain bien de l'homme, son salut et sa béatitude ne peuvent consister que dans la connaissance et l'amour de Dieu. (Le Spinozisme, p.25). Dans cet ouvrage, Spinoza s'engage existentiellement ; il joue sa vie et son salut.

La parution du *Traité* déchaîne l'opposition. Spinoza n'en a cure, mais s'installe à la Haye, toujours pour préserver sa sérénité. Ses amis se multiplient, mais le dissuadent de publier l'*Éthique*. D'autant que le bruit court en ville d'une sortie prochaine du livre sur Dieu. Fatigué, atteint de phtisie, Spinoza passe un mauvais hiver 1676. Il décède le 20 février 1677.

III – LA PENSÉE DE SPINOZA

1) Le projet

Comme Descartes, Spinoza recherche la vérité. Mais chez le premier cette recherche est d'ordre rationnel ; chez le second, elle est pratique et éthique. Spinoza est en quête du Souverain Bien qui lui permettra d'accomplir pleinement son existence. En un mot, il vise le salut de son être, lui qui a perdu très tôt sa mère et a été exclu de la communauté juive. Dans le *Traité de la réforme de l'entendement*, il écrit : « J'ai pris la résolution de rechercher, s'il existe un bien véritable et capable de se communiquer aux hommes, un bien qui puisse remplir seul l'âme entière, et en un mot, un bien qui donne à l'âme quand elle le trouve et le possède, l'éternel, le suprême bonheur ». Spinoza attend de la connaissance de Dieu, de son essence et de ses attributs et de ses modes, l'accomplissement de sa vie. La réflexion de Spinoza répond à un autre impératif : réenchanter la Nature qui a été dénaturée et dévalorisée par le géométrisme et le mécanisme de Descartes.

2) Dieu

À la différence de Descartes qui commence son itinéraire intellectuel par le cogito : la connaissance du sujet pensant, Spinoza prend comme point de départ la connaissance de Dieu qui lui apparaît la plus simple, mais aussi la plus riche. C'est d'elle dont dépendent toutes les autres idées et donc toutes les autres réalités. Car pour Spinoza, l'idée vraie n'est pas seulement d'ordre intellectuel et rationnel, elle atteint son objet auquel elle se conforme. L'idée vraie donne accès à l'être : à la vérité logique correspond la vérité ontologique.

a) Dieu comme substance

Le livre I de l'*Ethique* s'ouvre par six définitions : celle de « cause de soi », de « finitude », de « substance », d'attribut », de « mode » et d' « infini » qui servent à Spinoza à définir Dieu. « J'entends par Dieu un être absolument infini, c'est-à-dire une substance constituée par une infinité d'attributs dont chacun exprime une essence éternelle et infinie » (Ethique I def. VI). De ces définitions complétées par des axiomes ou propositions de départ, Spinoza en déduit un certain nombre de propositions qu'il démontre, dont la proposition XI, « Dieu, c'est-à-dire une substance constituée par une infinité d'attributs dont chacun exprime une essence éternelle et infinie, existe nécessairement ». Ainsi, pour Spinoza, l'existence de Dieu n'est pas seulement éprouvée, elle est démontrée, prouvée rationnellement et déductivement. Dieu est, et il est nécessairement, car il est « causa sui », cause de soi, celui qu'aucune cause ne précède et qui a sa propre raison d'être. Il est inconditionné « par soi », « a se ». Il est doué d'aséité n'étant assujetti à aucune autre chose ou aucun autre être.

b) Les attributs de Dieu

La définition IV avance : « J'entends par attribut ce que l'entendement perçoit d'une substance comme constituant son essence ». Les attributs sont les propriétés de la substance, ils constituent l'essence de la substance. Les attributs de Dieu sont en nombre infini, mais l'entendement humain ne peut en connaître que deux : l'étendue et la pensée. L'ensemble « substance-attributs » constitue ce que Spinoza appelle la « nature-naturante », c'est-à-dire Dieu considéré comme créateur et conservateur de toutes choses.

c) Les modes de Dieu

La définition V dit : « J'entends par mode les affections d'une substance, autrement dit ce qui est dans une autre chose, par le moyen de laquelle il est aussi conçu ». Les modes sont les manifestations concrètes de la substance, le moyen par lequel les attributs s'expriment et se réalisent sous une forme concrète. Les modes de Dieu sont les êtres et les choses créés. Les corps sont les manifestations de l'attribut étendu et les esprits de l'attribut pensée. Ensemble, ils constituent la « nature naturée, la création.

Les modes ne sont pas créés librement par Dieu, mais en vertu de son essence et selon son essence. Spinoza pense qu'attribuer à Dieu une volonté libre est un antropomorphisme : « Dieu agit par les seules lois de sa nature et sans subir aucune contrainte » (E.I prop XVII). Les modes n'ont donc aucune autonomie. Dieu est cause de tout, cause immanente de toutes choses. « Tout ce qui est, est en Dieu et rien ne peut sans Dieu être ni être conçu » (E.I prop. XV). Les êtres sont donc soumis à la nécessité divine. Il n'y a donc nulle contingence, nul hasard, nulle place pour la liberté. « Dieu est cause immanente, mais non transitive de toutes choses » (E.I prop. XVIII).

d) Un Dieu panthéiste

Une conclusion s'impose chez Spinoza, Dieu et la nature ne sont pas séparés. Celle-ci n'a pas d'existence propre ; elle n'est que la manifestation concrète de Dieu. D'où la célèbre formule : « Deus sive Natura : Dieu ou la Nature ». Le spinozisme est donc un panthéisme qui identifie Dieu à la Nature et réciproquement. Pour Spinoza, Dieu n'est pas transcendant à la nature : cause transitive ; il lui est immanent : cause immanente, ce que Spinoza appelle la « Providence divine ».

Le Dieu de Spinoza n'est donc pas un Dieu personnel. Il n'a pas de volonté particulière et libre ; il n'est pas soumis à des désirs, à des passions, ce qui serait un signe de faiblesse. Il n'agit pas selon des fins particulières, ce qui serait un signe d'imperfection et le rabaisserait au niveau des hommes. Il agit selon sa nature, conformément à son essence. Ceci signifie que Dieu ne s'intéresse pas aux hommes, qu'il n'intervient pas dans leur existence, ce qui serait contraire à sa béatitude. Ce que Spinoza recherche c'est de développer une conception épurée de Dieu, purifiée de tout anthropomorphisme. Dans une lettre datée de 1665, il écrit : « Pour parler le langage philosophique, l'on ne peut dire que Dieu désire quoi que ce soit, de qui que ce soit, et que quelque chose lui soit agréable ou désagréable ; car ce sont là des attributs humains qui ne s'appliquent pas à Dieu ».

3) L'homme

À propos de l'homme, Spinoza va se trouver confronté à un problème aigu : comment faire exister la totale nécessité qui régit le monde et l'apparente liberté humaine, liberté supposée par la vie morale. Joseph Moreau résume ainsi ce dilemme : « En quel sens Spinoza peut-il parler de notre liberté, alors qu'à ses yeux, l'homme est compris dans la nature et soumis à la nécessité universelle » (Spinoza et le Spinozisme » p.49).

a) Le « conatus »

Spinoza refuse le dualisme cartésien séparant l'âme du corps. Pour lui, l'homme qui est un mode de Dieu, est une totalité : âme et corps étroitement liés, une totalité cherchant à accroître sa puissance d'agir, son « conatus ». Ce dernier est l'effort qui anime tout être à durer, à persévérer dans son être, à se développer et à augmenter sa puissance d'agir. « Chaque chose, autant qu'il est en elle, s'efforce de persévérer dans son être » (E III prop. VI). Le conatus, sorte de « vouloir vivre » fondamental est la manifestation de la participation de tout être à la puissance divine que Spinoza identifie à la Providence divine. Il en est ainsi de la plante se tournant vers le soleil, de l'animal cherchant sa nourriture, de l'homme travaillant à l'épanouissement de son existence.

Cet effort fondamental s'appelle « volonté » quand il concerne l'âme, « appétit » quand il se rapporte à l'âme et au corps, « désir » quand il devient conscient. L'homme est un être de désirs ; il est mu par la « cupiditas » : l'envie, le désir, la passion. Puisque le conatus est une participation à la puissance divine, il s'ensuit que les désirs et les passions qui en sont la concrétisation, ne sauraient être condamnés comme le font les théologiens. Spinoza rompt radicalement avec la conception de l'homme judéo-chrétien attribuant à celui-ci une nature corrompue.

La manifestation du conatus peut être favorisée ou contrariée par les circonstances de la vie. Ainsi naissent les sentiments ou « états affectifs ». La joie est le signe de l'épanouissement de notre être, de l'augmentation de notre puissance ; elle est le signe d'un passage à une plus grande perfection. Au contraire la tristesse et la haine sont le signe d'une diminution de notre être, de notre puissance. Le devoir moral consistera donc à privilégier les situations qui vont dans le sens de l'accroissement du conatus et à fuir ce qui le diminuerait.

b) Les passions

L'homme est une partie de la nature enserrée par tous les autres « modes » finis que sont les autres êtres. Il est soumis au déterminisme de la nature entière ; déterminisme universel qui n'est que l'expression de la nécessité de la nature de Dieu. Il est donc dépendant de la chaîne universelle des causes et des effets, ce que Spinoza appelle la « concatenatio omnium rerum » : « Nous pâtissons en tant que nous sommes une partie de la Nature qui ne peut se concevoir par soi sans les autres parties » (E IV prop. II). Notre état premier est donc la passivité. La passion est donc l'expression en nous de notre totale dépendance. « La force avec laquelle l'homme persévère dans l'existence est limitée et surpassée infiniment par la puissance des causes extérieures » (E IV prop.IV).

Là encore, Spinoza s'oppose aux morales traditionnelles qui considèrent l'homme comme « un empire dans un empire », un être libre qui attribue ses passions a son manque de volonté. Spinoza ne condamne donc pas les passions. Au lieu de les condamner, il faut en chercher les causes, c'est-à-dire en avoir une idée adéquate. En agissant ainsi, au lieu de subir les passions, nous pouvons les comprendre, les assumer et en prendre un certain contrôle. De la sorte, nous devenons acteurs de nos vies, utilisant à bon escient la puissance des passions. « Les actions de l'âme naissent des seules idées adéquates ; les passions dépendent des seules idées inadéquates » (EIII prop.III). Une passion cesse d'être une passion passive lorsque nous en comprenons les causes ; lorsque nous en saisissons les raisons nous pouvons l'utiliser pour augmenter notre puissance d'agir. Avant la lettre, Spinoza invente, en quelque sorte, la « sublimation » dont parlera la psychanalyse. Et, il redéfinit d'une façon complète ce qu'est la liberté humaine.

c) *La Liberté*

La liberté au sens tradionnel et cartésien : le pouvoir de se déterminer rationnellement sans être contraint par une force extérieure, n'existe pas pour Spinoza. Pour lui, cette liberté est une illusion qui repose sur une ignorance et un fait. L'homme est conscient d'agir, mais l'homme ignore les causes de son agir. De cette conjonction naît le sentiment illusoire d'être libre, de pouvoir se déterminer par soi-même. « Ils croient, en effet, que l'homme trouble l'ordre de la Nature, plutôt qu'il ne le suit, qu'il a sur ses propres actions un pouvoir absolu et ne tire que de lui-même sa détermination » (E. III prop.).

Pour Spinoza, la vraie liberté ne s'oppose pas à la nécessité, mais à la contrainte. Être libre c'est agir selon la propre nécessité de sa nature, de son être profond. Être libre, c'est suivre son conatus. « Cette chose est dite libre qui existe par la seule nécessité de sa nature et est déterminée par soi seule à agir » (E. I def. VII). On comprend alors combien la morale spinoziste rompt complètement avec les morales traditionnelles.

d) La morale

Spinoza renverse complètement la conception traditionnelle du jugement moral et des notions du bien et du mal. Pour lui nous ne recherchons pas un but ou une valeur parce qu'ils sont bons en soi universellement. C'est parce que nous recherchons, nous désirons quelque chose, que cette chose est bonne. « Il est donc établi par tout cela que nous nous efforçons à rien, ne voulons ni appétons rien, ni ne désirons aucune chose, parce que nous la jugeons bonne ; mais au contraire, nous jugeons qu'une chose est bonne parce que nous nous efforçons vers elle, la voulons, l'appétons, désirons. Ainsi l'argent est la suprême valeur pour l'avare et la santé pour le malade. Les valeurs sont subjectives, relatives à nos désirs, au conatus.

Pour Spinoza, la conduite morale consistera, non à réprimer ses désirs et ses passions, mais à les comprendre en les libérant des contraintes extérieures qui s'y opposent. La morale de Spinoza n'est pas une morale du devoir, mais de l'assentiment.. Ainsi, le disciple spinoziste acceptera avec sérénité ce qui lui arrive de par la chaîne universelle des causes et des effets : la « concatenatio omnium rerum ». Il met ses désirs et sa volonté en accord avec la nécessité universelle. Ainsi à l'abri des regrets, de l'envie, de l'espoir, il connaîtra la sérénité. Il deviendra maître de la vie ; ses passions cesseront d'être vécues passivement pour devenir une source d'activité et d'épanouissement. « Une affection qui est une passion, cesse d'être une passion, sitôt que nous en formons une idée claire et distincte » (E V prop. III).

Pour Spinoza, la vertu, au lieu d'être un effort douloureux contre une nature considérée comme viciée, est positive, joyeuse, humaine. La morale spinoziste anticipe la morale de Nietzsche développée en particulier dans son livre : *par-delà le bien et le mal*. Grâce à cette morale naturaliste, l'homme peut accéder à la béatitude.

e) La béatitude, le salut

Grâce à la connaissance rationnelle, aux idées adéquates, l'âme prend conscience de sa présence en Dieu, de sa participation à l'éternité divine. Elle se saisit comme une détermination particulière, un mode singulier de Dieu. « Notre Ame, dans la mesure où elle se connaît elle-même et connaît le Corps comme des choses ayant une sorte d'éternité, a nécessairement la connaissance de Dieu et sait qu'elle est en Dieu et se conçoit par Dieu » (E. V prop.XXX).

Cette connaissance est source d'une joie profonde et durable que Spinoza appelle « l'amour intellectuel de Dieu ». Cet amour consiste à tout faire remonter à Dieu comme source de toute réalité. Il est une participation à l'amour dont Dieu s'aime lui-même, à une partie de l'amour infini de Dieu pour lui-même. Il est une participation à la vie de Dieu, à sa nature, à sa béatitude. Et comme il ne peut y avoir de plus grand amour que ce dernier, il donne accès au salut. L'âme se saisit en Dieu, se fixe en lui, trouve en lui sa signification et sa justification. « Il exprime la reconnaissance par l'esprit humain de sa vraie nature et de son union à la substance éternelle » (J.Préposiet, Spinoza, p.179). Spinoza en écrivant l'*Éthique* ne se contente pas de parler de Dieu, il chemine avec lui et se découvre en lui. Il trouve en lui son salut et son bonheur.

IV – ACTUALISATION

Le Dieu de Spinoza identifié à sa création n'est pas celui des religions monothéistes pour qui Dieu ne saurait être que séparé de sa création, transcendant à celle-ci. Mais il se rapproche de la conception d'un certain nombre de savants émerveillés par la beauté et l'équilibre du cosmos. Ces savants supposent la création ordonnée et maintenue dans l'existence par une sorte d'entité divine immanente à l'univers, responsable de son unité, de son ordonnancement, du fin réglage des constantes fondamentales qui interviennent dans toutes les équations astrophysiques, telles la vitesse de la lumière, la gravitation, la constance de Planck. C'est le Dieu d'Einstein qui refuse de poser au fondement du cosmos l'indétermination, le hasard et le chaos. À ce propos Einstein écrit : « Je crois dans le Dieu de Spinoza qui se révèle lui-même dans l'harmonie ordonnée de ce qui existe, non en un Dieu qui serait concerné par le destin et les actions des hommes ». C'est aussi le Dieu du cosmologue Trinh Xuan Thuan qui écrit : « Pour rendre compte du réglage des constantes universelles, j'ai fait le pari pascalien de l'existence d'un principe créateur. Ce principe, je le conçois dans le sens de Spinoza et d'Einstein, se manifeste dans les lois de la nature et fait que le monde est rationnel et intelligible ».(L'infini dans la paume de la main).

Le physicien et théologien J.Arnould écrit de son côté, en partant de ce qu'il appelle « les théologiens séculiers » : « Elle (la pensée de ces savants), se trouve bien plus à l'aise avec le panthéisme protéiforme, la multiplication kaléidoscopique de Dieu au sein d'un univers imparfait ; l'explosion de Dieu qui vit dans tous les êtres les alimente, les inspire. Dieu semble participer aux imperfections et aux demi-échecs, comme aux réussites et aux victoires. (Sous le voile du cosmos, les scientifiques parlent de Dieu, p. 264). Enfin, il ne faut pas oublier que le monisme spinoziste est en adéquation avec la pensée bouddhiste. Le sage bouddhiste affirme que les idées occidentales et rationalistes du sujet ,de l'identité de l'âme, n'ont de sens que reliées au « karma » : la loi universelle régissant l'ordre des êtres et du cosmos

CONCLUSION

Pendant longtemps la pensée novatrice de Spinoza resta méconnue ou incomprise. Le Siècle des Lumières, le jugera illisible et confus. C'est avec le grand philosophe allemand Hegel (1770-1831) que viendra la découverte de la profondeur de l'œuvre de Spinoza. Hegel identifiera la substance spinoziste au premier moment du développement de l' « Esprit ». Aujourd'hui, Spinoza inspire ceux qui refusent de séparer l'esprit de la matière et d'appliquer au cosmos une finalité particulière comme les tenants du « Dessein intelligent ».

Bien que disciple de Descartes, Spinoza est la personne la plus atypique de l'histoire de la philosophie. Il anticipe par ses conceptions morales le travail de « déconstruction » de

Nietzsche et de Freud. Ses conceptions anthropologiques, psychologiques et morales peuvent nous aider à comprendre la nouveauté et la rupture que constitue la pensée postmoderne. Pensée postmoderne qu'il anticipe sur plusieurs aspects.

Chapitre 3
MALEBRANCHE (1838-1715)

INTRODUCTION

Malebranche est un théologien disciple de St Augustin (354-430) et un philosophe disciple de Descartes, dont il s'essaie à faire la synthèse. Il est surtout connu pour sa doctrine de la « vision en Dieu » et celle des « causes occasionnelles » grâce auxquelles il entend démontrer le rôle actif de Dieu dans le monde et l'entière dépendance de l'âme vis-à-vis de lui.

I – CONTEXTE

La pensée de Malebranche est fortement dépendante de ce qu'est le milieu intellectuel en France au XVII siècle. Siècle où se répand le cartésianisme et marqué par les querelles religieuses entre l'Église catholique gallicane et des mouvements religieux dissidents comme le jansénisme et le quiétisme.

Le cartésianisme, d'abord connu dans des cercles restreints acquis au rejet de l'aristotélisme et de la scolastique, critiqué par l'université et les Jésuites, est bien reçu par les religieux de l'Oratoire dont fait partie Malebranche. Il se répand rapidement dans les salons littéraires. Madame de Sévigné et La Fontaine sont des cartésiens convaincus.

Le jansénisme est un courant religieux caractérisé par une doctrine austère qui se fait connaître aux XVII et XVIII siècles, autour de l'abbaye de Port Royal. Inspiré par le livre du théologien néerlandais Jansénius : l'*Augustinus* qui prétend exposer la doctrine de St Augustin, il est condamné par le Pape. Contrairement à l'Église catholique qui enseigne que l'homme peut contribuer à son salut par la foi bien sûr, mais aussi avec le secours de la prière, la réception des sacrements et la pratique de la vertu, le jansénisme affirme que seule la foi sauve. Doctrine exigeante, le jansénisme se répand chez les élites et devient un lieu de contestation de l'autorité royale.

Représenté par Fénelon (1651-1715), précepteur du duc de Bourgogne et auteur des Aventures de Télémaque , le quiétisme défend l'idée que l'union totale à Dieu rend l'âme humaine étrangère au corps et qu'ainsi, elle n'est plus responsable des péchés que celui-ci commet. Cette union rend les moyens ecclésiaux du salut : prière, mortifications, sacrements inutiles. Fénelon, séduit par cet amour mystique de Dieu prêché par le prêtre espagnol Molinos, réunit autour de lui quelques grandes dames de la cour conquises par cette doctrine appelant à la sérénité, à la quiétude de l'âme.

C'est dans ce contexte religieux et politique troublé celui de la Fronde des parlements que Malebranche développe sa pensée. Il eut en particulier à combattre contre les Jansénistes, les Jésuites et de sévères démêlées avec le célèbre prédicateur Bossuet, grande figure de l'Église gallicane.

II – BIOGRAPHIE

Nicolas Malebranche naît à Paris en 1638 ; son père est trésorier des « fermes » chargées de recouvrir l'impôt. Il entre dans la congrégation de l'Oratoire fondée par le cardinal de Bérulle. Il étudie sans grand intérêt Platon, Aristote et la pensée scolastique. En 1664, il découvre par hasard chez un libraire le *Traité de l'Homme* de Descartes et s'enthousiasme pour cette lecture «Il fut frappé d'une lumière qui en sortit, toute nouvelle à ses yeux » écrit Fontenelle. Malebranche se met alors à étudier l'œuvre de Descartes et apprend les mathématiques pour mieux le comprendre. Pendant dix ans, il médite Descartes, faisant appel à St Augustin pour le corriger à propos des idées innées.

Il publie alors plusieurs ouvrages : *De la recherche de la vérité* où il traite de la nature de l'esprit de l'homme, le *Traité de la nature et de la grâce*, les *Conversations chrétiennes*, le *Traité du monde*, les *Entretiens sur la métaphysique sur la religion et sur la mort, l' Entretien d'un philosophe chrétien et d'un philosophe chinois sur l'existence de Dieu* .

Ces livres suscitent de vives discussions religieuses. Malebranche doit affronter les critiques jansénistes du grand Arnauld sur la nature des idées et de la grâce, celles de Bossuet qui dénonce son rationalisme. Dans son *Traité de l'amour de Dieu*, Malebranche combat le quiétisme de Fénelon. Estimé par la douceur son tempérament, Malebranche est élu en 1699 à l'Académie des Sciences. Sa réputation grandissante, il reçoit la visite de Jacques II d'Angleterre et du philosophe irlandais Berkeley (1685-1753). Il meurt après une vie religieuse exemplaire en 1715.

III – LA PENSÉE DE MALEBRANCHE

1) Le projet

Théologien et philosophe, Malebranche veut réunir et réconcilier la foi et la raison, en particulier pour faire pièce aux mouvements libertins du XVIIè siècle qui assurent la transition entre l'Humanisme de la Renaissance et la philosophie du XVIIIe siècle. Les libertins essaient à se libérer de la religion pour donner à l'existence humaine un sens uniquement terrestre. Sceptiques à la Montaigne, ils rejettent le dogmatisme religieux et s'élèvent contre le rationalisme cartésien. Ils pensent que le progrès des sciences permettra d'expliquer l'homme et de trouver une morale adaptée à sa vie terrestre.

Malebranche veut démontrer que foi et raison ne sont pas opposées, mais complémentaires. Il entreprend, comme l'avait déjà fait St-Thomas en réunissant Aristote et la foi chrétienne, d'opérer la synthèse entre St-Augustin et Descartes. Et Malebranche voit dans la philosophie un moyen pour rapprocher l'esprit humain de Dieu. Et d'abord philosophe, il donne la priorité à la raison sur la Révélation.

Comme Descartes et utilisant sa méthode, Malebranche fonde sa réflexion sur les idées claires et distinctes. Mais à la différence du premier qui prend comme point de départ le cogito, Malebranche commence sa réflexion par Dieu. Pour lui, les idées claires et distinctes sont en Dieu et c'est en Dieu que nous les concevons. Malebranche est donc plus religieux que Descartes, mais il est aussi plus rationaliste que lui. Il écrit : « La foi passera, mais l'intelligence subsistera éternellement ».

2) La connaissance : La vision en Dieu

Pour Descartes, les idées claires et distinctes sont vraies parce qu'assurées par la vérité divine. Mais elles ne sont pas des créatures de Dieu ; Dieu n'en est que le garant. Pour Malebranche, la vérité plus qu'une créature de Dieu, est Dieu lui-même. Donc, en découvrant la vérité, nous la voyons en Dieu, nous « voyons Dieu ». C'est en Dieu que nous concevons les idées intelligibles ou mieux leurs archétypes, leurs modèles au sens platonicien. C'est par la connaissance de ce qu'est Dieu, qui est la vérité, que nous nous représentons les idées claires et distinctes.

C'est la fameuse « vision en Dieu ». Malebranche écrit : « Quand nous pensons, nous sommes en Dieu, unis avec lui, car avant de connaitre le monde extérieur, de nous connaître, nous connaissons Dieu en qui et par qui nous pensons ». Le point de départ de la connaissance n'est pas comme chez Descartes la lumière naturelle de l'homme, mais la lumière même de Dieu présent dans son Verbe ; avec qui notre union est si étroite que, seul, notre être se détruirait.

Aussi, pour Malebranche, la faculté d'attention de l'esprit doit être considérée comme « une prière naturelle » faite à Dieu afin qu'en lui la vérité se donne à nous. Cette attention « priante » est récompensée par une illumination divine, celle de l'évidence à travers laquelle la Raison de Dieu parle à notre raison. Et, en ce sens, la lumière de la raison humaine éclairée par la Raison divine est supérieure à la Révélation et à la foi. Celles-ci ont été rendues nécessaires par la nature imparfaite et pécheresse de l'homme. Au commun des hommes, Dieu se voit obligé d'utiliser le langage sensible et imagé de la Révélation. Mais aux philosophes, Dieu parle directement par l'évidence des idées claires et distinctes saisies dans la Raison divine. Malebranche écrit : « Ceux qui ont la foi n'ont pas toujours le plus d'intelligence. Ils peuvent connaître Dieu par la foi et l'aimer par le secours de la grâce sans savoir qu'il est leur tout de la manière dont les philosophes peuvent l'entendre, et sans penser que l'intelligence abstraite de la vérité soit une espèce d'union avec lui.

Pour Malebranche, foi et raison disent la même chose, mais à des hommes différents. La foi est une forme inférieure et provisoire de connaissance. Au ciel, elle disparaîtra, car nous connaîtrons Dieu directement, par l'intelligence. « La foi passera, l'intelligence demeure éternellement ». Malebranche est donc rationaliste, plus que Descartes, assimilant la raison humaine à l'intelligence de Dieu. C'est ce rationalisme que les Jansénismes et Bossuet critiqueront. Un des commentateurs de Malebranche décrira celui-ci comme « Le missionnaire du cartésianisme parmi les chrétiens, le missionnaire du Christ chez les cartésiens ». Et la tradition fera de Malebranche « un Platon chrétien ».

3) Les causes occasionnelles

La théorie des « causes occasionnelles » ou « Occasionnalisme » est le complément de la doctrine de « la vision en Dieu ». De même que Dieu est source de toute vérité, il est la seule cause qui agit véritablement dans l'univers. Pour Malebranche aucune cause créée n'est véritablement cause d'une action ou d'un mouvement. La causalité n'appartient qu'à Dieu qui agit selon des lois immuables, mais libres. Dieu modifie mon âme à l'occasion des mouvements de mon corps et inversement. « C'est Dieu lui-même qui produit dans votre âme tous les divers sentiments dont elle est touchée à l'occasion des changements qui arrivent à votre corps, en conséquence des lois générales de l'union des deux natures qui composent l'homme ; lois qui ne sont que les volontés efficaces et constantes du créateur ».

Quand nous disons que notre volonté est cause de nos mouvements, nous commettons une erreur, nous sommes victimes d'une illusion. Nos volontés, nos désirs ne sont que des « causes occasionnelles » à l'occasion desquelles Dieu agit en nous. Les mouvements de notre corps ne sont que l'occasion pour Dieu de produire dans nos âmes des pensées ou des sentiments corrélatifs et inversement. « Dieu a voulu que nos bras soient remués dans l'instant où je le voulais moi-même. Il a voulu que j'eusse certains sentiments, certaines émotions, quand il y aurait dans mon cerveau certaines traces, certains ébranlements des esprits ». Avec cette théorie des « causes occasionnelles », Malebranche se montre plus religieux que Descartes. En théologien, il veut affirmer la primauté de Dieu sur tout. « Il est nécessaire d'établir clairement qu'il n'y a qu'une vraie cause parce qu'il n'y a qu'un vrai Dieu ; que la nature et la force de chaque chose ne sont que la volonté de Dieu ; que toutes les causes naturelles ne sont point de véritables causes, mais seulement des causes occasionnelles ».

Avec cette théorie de Dieu comme seule cause efficace, on reprochera à Malebranche de tomber dans le panthéisme de Spinoza. Il s'en défendra vigoureusement en affirmant la distinction entre Dieu et ses créatures, refusant d'être comparé au « misérable Spinoza ». Mais Malebranche sera attaqué pour un motif plus grave. En faisant de Dieu la seule cause, il faisait de celui-ci la cause du mal dans l'univers. Malebranche disculpera Dieu en disant que celui-ci ne gouverne l'univers que par des lois générales et universelles et qu'il ignore les détails. Les faits particuliers, « le mouvement d'un fétu de paille », s'organisent comme ils le peuvent, ce qui entraîne des imperfections qui n'entachent pas la beauté du plan général régi par Dieu. Celui-ci ne veut pas le mal, il ne fait que le permettre. Ce problème sera l'objet d'une discussion entre Malebranche et Fénelon et sera repris par Leibniz, le troisième cartésien.

IV – ACTUALISATION

Malebranche cherche à résoudre un problème qui commençait à se poser à son époque avec la naissance de la science moderne, et qui n'a pris que plus d'acuité au fil des siècles suivants : le rapport de la foi et de la raison. Au premier abord, foi et raison semblent s'opposer totalement. La foi, du latin « fides », est la confiance, l'assentiment à la parole, au témoignage de quelqu'un digne de confiance ; celui-ci n'ayant pas besoin, au nom de la confiance qu'il inspire, de prouver, de démontrer la vérité de ses paroles. On le croit d'emblée. En ce sens, la foi, la croyance, ne sont pas du ressort du seul domaine religieux. Dans la vie quotidienne, beaucoup de rapports humains se basent sur la foi en la parole de mon alter ego. Elle est le ciment ordinaire de la vie sociale : je fais confiance à ce que me dit mon interlocuteur en raison de sa lucidité et de sa compétence. Instrument pratique et aisé de la communication des consciences, elle n'en est pas moins un instrument fragile dont la fiabilité est souvent démentie par les faits.

Dans le domaine religieux, la foi est l'adhésion à la parole de Dieu qui s'exprime à travers les *Ecritures Saintes*, rédigées par des auteurs reconnus comme inspirés par Dieu. Dans le Christianisme, elle est l'assentiment que le croyant donne au Christ, Parole et Verbe de Dieu. Mais la foi adulte ne se confond pas avec la foi primaire du charbonnier. Le croyant cherche à comprendre, à se rendre intelligible la Parole divine. Sa foi ne le dispense pas, bien au contraire, de faire une étude critique et historique des Ecritures Saintes pour en saisir, avec intelligence et raison le véritable message. Certes, cette foi ne se démontre pas, elle s'éprouve et s'expérimente. Elle est une adhésion personnelle et vivante, ce qui ne veut pas dire subjective. Mais elle appelle et requiert l'aide de l'intelligence et de la raison pour se justifier et s'authentifier.

Foi et raison sont donc moins opposées que complémentaires. La foi a besoin de la raison pour s'analyser, se critiquer et se purifier, s'approfondir et se consolider, pour devenir une foi éclairée. C'est ce qu'exprime St-Augustin dans ses *Confessions* : « J'ai voulu avoir l'intelligence de ce que je crois Seigneur, autant que j'ai pu ; autant que tu m'as donné la force, je t'ai cherché. J'ai voulu avoir l'intelligence de ce que je crois et j'ai beaucoup discuté et j'ai beaucoup peiné ». Cette intelligence de la foi est merveilleusement résumée par la formule latine de St-Anselme (1033-1109), théologien et philosophe de Canterbury : « Fides quaerens intellectum » : la foi cherche l'intelligence. De son côté, la raison a besoin de la foi qui la pousse dans ses derniers retranchements, qui la fait entrevoir des domaines nouveaux et inattendus de réflexion.

Les rapports de la foi et de la raison sont donc complémentaires, mieux dialectiques. Entre elles, c'est un dialogue permanent qui doit s'instaurer. La raison questionne la foi, la met à l'épreuve. La foi illumine la raison et lui sert d'aiguillon. C'est un peu ce que dit le vieux proverbe : « Un peu de science éloigne de Dieu, beaucoup de science en rapproche ».

CONCLUSION

Malebranche, théologien, philosophe et mathématicien, fut aussi un des grands écrivains du XVIIe siècle. Son style se caractérise par l'emploi de figures proches la poésie. Il eut de nombreux disciples de son temps et même au XVIIIe siècle, en particulier dans les salons littéraires et auprès des grands seigneurs. Aujourd'hui oublié, ce disciple cartésien reste une grande figure de l'Oratoire, un fervent partisan de l'accord et de la raison et de la foi, en fidèle disciple de Descartes.

Chapitre 4
LEIBNIZ (1646-1716)

INTRODUCTION

Leibniz est un philosophe allemand, mais aussi un mathématicien, un scientifique et un diplomate. Considérant que tous les philosophes qui le précèdent ont apporté une contribution positive à l'histoire de la pensée, il cherche à en retenir la meilleure part et à l'intégrer à son propre système de pensée. En particulier il se donne comme mission de réconcilier Aristote et Descartes. Il est l'auteur de deux ouvrages où transparaît l'optimisme de sa pensée à propos du monde : *Essais de Théodicée* et *Monadologie*. C'est dans ce dernier livre qu'il développe sa théorie originale de « l'harmonie préétablie ».

I – LE CONTEXTE

Leibniz se situe dans la grande tradition de la philosophie antique, et en particulier de l'aristotélisme. Mais il est fortement influencé par les philosophes de son temps : Descartes dont il est un des disciples, Spinoza dont il combat l'athéisme et l'anglais John Locke dont il veut dépasser l'empirisme.

Mais on ne peut comprendre la volonté conciliatrice de Leibniz et son système optimiste de pensée sans évoquer les malheurs de son temps, en particulier la guerre de Trente Ans (1618-1648) et ses conséquences. Cette guerre européenne, dont la cause principale est religieuse, mais qui est aussi provoquée par les ambitions de la maison d'Autriche, laisse l'Allemagne dévastée et appauvrie. La famine sévit, la population est tombée de 15 à 5 millions. La philosophie de Leibniz apparaît comme une sorte de remède psychologique aux malheurs de son temps, comme une sorte de sagesse pour remédier à la misère de la guerre.

II – BIOGRAPHIE

Gottfried Wilhelm Leibniz naît en 1646 à Leipzig alors que la guerre de Trente Ans ravage l'Allemagne. Dans la bibliothèque de son père, jurisconsulte, le jeune Leibniz lit les Anciens : Virgile, Platon, Aristote, mais aussi les modernes : le philosophe et savant anglais Roger Bacon (1220-1282) auteur de l' *Opus majus* et précurseur de la méthode expérimentale, l'astronome allemand Kepler (1571-1630) découvreur de la loi du mouvement des planètes, le savant italien Galilée (1564-1642), rallié à l'héliocentrisme de Copernic (1473-1543), l'empiriste anglais John Locke (1632-1704) et bien sûr Descartes. Il s'initie aux mathématiques, s'essaie à des expériences de chimie. En 1636, il devient membre du mouvement mystique Rose-Croix.

Devenu conseiller de l'électeur de Mayence, il prépare une grande réforme du droit. De 1672 à 1676, envoyé en mission diplomatique à Paris, il tente de convaincre Louis XIV de conquérir l'Égypte afin de le détourner des guerres européennes. À Paris, il rencontre des hommes d'influence : le Grand Arnauld, Malebranche, Huyghens ; il étudie les recherches de Pascal sur la machine à calculer. Parti à Londres, il s'intéresse aux travaux de Newton (1642-1827) sur la gravitation universelle ; de cette rencontre naîtra l'invention du calcul infinitésimal. En Hollande, à la Haye, il rencontre Spinoza auprès duquel il tente de se faire remettre un exemplaire de l'*Éthique* .

Rentré en Allemagne, il devient le bibliothécaire de la famille de Brunswick et continue à s'occuper de mathématiques et de sciences. En physique, il introduit les notions d'énergie, d'action et de « force-vive ». Persuadé que les sciences sont un principe de progrès, mais aussi de puissance, il prépare la fondation de l'Académie de Berlin. Leibniz devient ainsi un des grands intellectuels de l'époque reconnus des rois. Par contre, il est mal vu du clergé qui lui reproche son manque de foi et sa tolérance. Vers 1714, la maladie le cloue dans son fauteuil. Il meurt, seul, en 1716. À l'enterrement de l'homme qui aura prêché la réconciliation et la tolérance, il n'y aura que son fidèle serviteur.

Ses principales œuvres sont les *Nouveaux essais sur l'entendement humain* (1707) dans lesquels il critique l'empirisme de Locke, *la Théodicée* (1750) ouvrage où il tente de résoudre le problème du mal en démontrant que Dieu a créé le « meilleur des mondes possible » et la *Monadologie* (1714) écrite pour le prince Eugène de Savoie et qui contient la théorie de l' « harmonie préétablie ».

III – LA PENSÉE DE LEIBNIZ

1) Le projet

Leibniz, diplomate de profession et empreint d'un grand sens de la tolérance a voulu réconcilier et réunir les hommes de son temps divisés par les querelles religieuses et politiques, en proposant un projet futuriste à son époque d'État européen. De même, il a cherché à faire la synthèse entre la scolastique aristotélicienne qui régnait dans l'enseignement et la pensée cartésienne dont il reprendra l'ambition d'une explication mathématique de l'univers. Cette volonté de conciliation est manifeste dans les deux projets que poursuivit Leibniz. Le premier, reprenant celui de Lulle (1235-1315) exposé dans son *Ars Magna,* était de construire une « combinatoire universelle », sorte de méthode de calcul philosophique permettant, à partir de signes prédéfinis, de retrouver toutes les vérités. Le second consistait à écrire une encyclopédie ou « bibliothèque universelle de vérités, suffisant, autant que faire se peut, à la déduction de toutes choses utiles ». Leibniz en tire une théorie de la connaissance hyper rationaliste.

2) La théorie de la connaissance : un panlogisme

Dans sa théorie de la connaissance, Leibniz se sert de Descartes et de Locke. Comme Descartes, il fonde la connaissance sur les idées claires et distinctes, mais il refuse leur « innéité », penchant du côté de l'empirisme de Locke. Mais il se distingue de ce dernier en refusant sa conception de l'esprit réduit à une « tabula rasa », une plaquette de cire vierge sur laquelle viendraient se graver les sensations seules sources des idées. C'est dans son ouvrage : *Nouveaux Essais sur l'entendement* que Leibniz expose sa théorie de la connaissance. Dans cet ouvrage écrit sous forme de dialogues, le personnage de Philalèthe cite avec admiration des passages du principal livre de Locke : *Essai sur l'entendement* tandis que Théophile lui expose les arguments de Leibniz. Pour ce dernier, l'esprit est doté d'un certain nombre de principes a priori, mais c'est l'expérience qui fournit à la pensée l'occasion de les découvrir.

La théorie de la connaissance de Leibniz est un « panlogisme » : les règles de fonctionnement de l'esprit sont aussi les règles de fonctionnement de la nature. Il existe un accord parfait entre la pensée et la réalité, entre l'intelligence et la nature. Cette dernière est complètement transparente à la raison ; le réel est rationnel et le rationnel est réel. L'esprit et la réalité sont gouvernés par les mêmes principes : le principe de non-contradiction et celui de raison suffisante. Cette conception d'adéquation entre le réel et la raison se retrouvera plus tard chez le grand philosophe allemand Hegel (1770-1831) selon lequel la réalité et l'histoire ne sont que l' « odyssée » de l'Esprit.

Le principe de non-contradiction, au niveau logique, signifie que si deux propositions sont contradictoires, si l'une vraie l'autre est fausse. Pour Leibniz, au niveau de la réalité, il signifie que tout ce qui n'est pas contradictoire est possible. Le principe de raison suffisante que Leibniz appelle le principe de « raison déterminante » ou le « principe du pourquoi », énonce qu'aucun fait ne peut se produire sans raison. Il explique pourquoi une chose est plutôt qu'elle n'est pas, pourquoi il en est ainsi de la réalité et pas autrement. Selon Leibniz, Dieu en créant respecte ces deux principes, puisque par définition, il est l'être rationnel. Il agit selon des raisons, mais aussi selon des considérations morales qui introduisent dans la réalité le principe de finalité, selon lequel ce qui existe est ordonné à une fin, à au but. En cela, Leibniz suit la scolastique aristotélicienne, mais se sépare de Descartes selon qui la nature se réduit à un pur mécanisme. Dieu en créant nuance l'application des deux premiers principes en introduisant le principe de finalité afin que le monde soit plus beau. Par exemple, il fait venir César à l'existence, le fait franchir le

Rubicond, pour en faire un plus grand homme pour la civilisation.

À ces trois principes premiers, Leibniz joint deux principes complémentaires. Le premier, le principe de continuité exprime le fait que la nature n'évolue pas par saut brusque, mais en passant par une suite de variations progressives et de plus en plus parfaites. Le second, le principe des indiscernables, énonce qu'il n'y pas dans la nature deux êtres semblables, gage de diversité et de richesse. Ainsi, voit-on que pour Leibniz, le réel est construit et gouverné par les règles de la raison divine dont la raison humaine est l'image. Il n'y a pas de hasard, de contingence ; tout à sa raison d'être, y compris le mal. Il n'y a qu'un ensemble cohérent de monades. Il n'est pas inutile de remarquer que le principe de continuité s'inspire du calcul infinitésimal, nouvelle branche des mathématiques que Leibniz crée en 1676.

3) Les monades

Pour comprendre ce que Leibniz appelle « monade », il faut revenir à la physique de Descartes que Leibniz critique. Pour Descartes, la matière, réduite à l'étendue, est statique. Pour Leibniz, qui introduit les notions de force et d'action, elle est dynamique, centre d'action. Pour Leibniz, être c'est agir. L'univers est donc selon lui constitué de centres de force, de points d'action, d'atomes d'énergie qu'il appelle « monades », c'est-à-dire des unités. Les monades sont les atomes de la nature, les éléments constitutifs de toutes choses. Leibniz écrit : « La monade dont nous parlerons ici, n'est autre qu'une substance simple qui entre dans les composés… et ces monades sont les véritables atomes de la nature et en un mot les éléments des choses » (Monadologie). Douées d'un principe de spontanéité, elles se développent selon un principe de changement interne. Elles ne peuvent être modifiées de l'extérieur. « Il n'y a pas moyen aussi d'expliquer comment une monade puisse être altérée ou changée dans son intérieur par quelque autre créature… comme cela se peut dans les composés où il y a des changements entre les parties. Les monades n'ont point de fenêtre par lesquelles quelque chose y puisse entrer ou sortir (Monadologie) .

Leibniz distingue plusieurs types de monades selon leur degré de perfection. En bas de l'échelle se trouvent les « monades nues » qui sont les corps bruts, puis les « monades sensitives » douées de perceptions et de désir, celles des animaux. Au sommet se placent les « monades rationnelles », celles des hommes ayant conscience et volonté. Ces dernières douées de raison peuvent s'élever à la connaissance de soi et de Dieu. Chaque monade perçoit l'univers à sa façon, le reflète d'une façon originale, comme dans une ville fortifiée on peut en prendre plusieurs points de vue selon l'endroit où l'on se trouve.

L'univers de Leibniz est donc bien différent de celui, purement géométrique et mécanique, de Descartes. C'est un univers animé, dynamisé, énergisé, fait de monades qui sont autant de centres d'action. On voit bien ici un retour de Leibniz à Aristote pour qui la nature est un vivant doué de puissance et d'acte, de matière et de forme, un vivant en quête d'actualisation et de réalisation. La physique de Leibniz est dynamique. Les monades sont des « entéléchies » (du grec : entelechia : qui a sa fin en soi), des êtres ayant leur propre source d'action en vue de leur achèvement et leur perfection.

4) L'Harmonie préétablie

Chaque monade ayant sa spontanéité propre et n'ayant pas de « fenêtres », se pose pour Leibniz le problème des rapports des monades entre entre elles. Pour résoudre ce problème, Leibniz fait appel à sa théorie de « l'harmonie préétablie ». De même que Malebranche faisait intervenir Dieu pour expliquer par sa théorie des « causes occasionnelles » les rapports entre l'âme et le corps, Leibniz fait appel à Dieu pour extraire les monades de leur solitude originelle.

Dieu a créé un monde cohérent et harmonieux en établissant une harmonie entre les différentes monades. Les actes de chaque monade ont été préalablement réglés de telle sorte qu'ils soient en phase avec les actes des autres monades. Leibniz définit ainsi cette harmonie préétablie : « Par un artifice divin prévenant, lequel dès le commencement a formé chacune de ces substances d'une manière si parfaite, si réglée avec tant d'exactitude qu'en se servant que de ses propres lois qu'elle a reçues avec son être, elle s'accorde pourtant avec l'autre, tout comme s'il y avait une influence mutuelle ou comme si Dieu y mettait toujours la main au-delà de son concours général (Troisième éclaircissement). Deux monades différentes se trouvent en phase l'une avec l'autre comme « deux horloges ou montres qui s'accordent parfaitement ». C'est ainsi que Dieu a préréglé à l'unisson les mouvements de l'âme et du corps. Et Dieu a choisi, à l'origine l'ensemble des monades pour qu'elles forment « le meilleur des mondes possibles ».

5) Le meilleur des mondes possibles

Dieu, en créant les monades, n'agit pas arbitrairement ; il est soumis à la raison et à ses principes. Il a donc créé parmi tous les mondes possibles, le meilleur, le plus rationnel, par « une sorte d'art divin ou mécanisme métaphysique ». Le monde ainsi créé est le meilleur possible, car il renferme la plus grande quantité de monades compatibles entre elles ou « compossibles ». « Parmi les infinies combinaisons de possibles ou de séries possibles, il en existe une par laquelle la plus grande quantité d'essences ou de possibilités est amenée à l'existence ». (Théodicée).

Reste le problème du mal que Leibniz ne nie pas. Dans la *Théodicée (*du grec « théos », Dieu et « diké » : la justice), Leibniz entreprend de défendre Dieu, en réfutant les arguments niant son existence en raison de la présence du mal dans le monde. De même que Dieu, pour respecter les principes de la raison et en particulier de non-contradiction, a créé le meilleur monde possible, de même il ne pouvait pas créer un monde parfait. Cela aurait été en contradiction avec le fait que toute créature, donc le monde, est limitée et imparfaite. Selon les principes de la raison, il ne pouvait créer qu'un monde imparfait. Mais il a choisi le moins imparfait possible, celui comportant le moins de mal. Le mal n'est donc pas une réalité en soi ; il est lié à l'imperfection inhérente à toute créature. Le mal est une nécessité logique et ontologique ; il est l'ombre du bien, son corollaire. Il existe pour rehausser la présence du bien, comme dans un concert une note dissonante.

Leibniz donne l'exemple de Sextus (VIe siècle av. J.-C.) le fils de Tarquin le Superbe. En violant une femme romaine Lucrèce, Sextus par son crime poursuit de grandes choses, en particulier la fin de la royauté qui ouvre la voie à la république. Le monde selon Leibniz est le plus riche en possibilités harmoniques pouvant coexister sans se détruire. De plus, Leibniz ajoute que Dieu à plus d'une vue dans ses projets. Il poursuit le bonheur des créatures raisonnables, mais ce n'est pas le seul but. Voltaire, dans Candide (1759) ne se privera pas de moquer et de tourner en dérision l'optimisme philosophique de Leibniz, en particulier après le grand séisme de Lisbonne de 1755 qui provoqua des milliers de morts.

IV – ACTUALISATION

Le problème de l'existence du mal questionne tout homme, et cela depuis l'Antiquité. Le problème devient même crucial, sinon scandaleux, pour un croyant. Le mal est multiforme. Il est physique : la maladie, la souffrance, il est moral, les fautes, le crime, l'injustice ; il est métaphysique : l'angoisse, la mort, le néant. Selon l'époque, il est perçu avec plus ou moins d'acuité et de révolte. Les grandes religions ont tenté d'y apporter une explication : le péché originel, l'expiation des fautes, la rédemption. Autant de réponses qui paraissent dérisoires à notre époque laïcisée et areligieuse. Au-delà de toutes les explications possibles, il faut rappeler que le mal, avant d'être pensé, est vécu, éprouvé par des hommes. En expérimentant le mal, les hommes ne pensent souvent qu'à crier à l'injustice, au scandale. Déjà, le grand St-Augustin, tout croyant qu'il était, s'écriait : « Si deus est, unde malum, si non est, unde bonum » : si Dieu existe d'où vient le mal ; s'il n'existe pas, d'où vient le bien ?

Le mal semble coexistant à l'existence humaine. L'homme n'est pas un dieu ; il est une créature limitée, factuelle, imparfaite, capable du pire et du meilleur. Et le mal ne peut être pensé qu'en rapport avec la liberté humaine. Il est, en quelque sorte, le corollaire et la rançon de la liberté. Des hommes capables que du bien ne seraient que des mécaniques. La possibilité du meilleur comme du pire est le fruit de la liberté humaine. Mais, malgré ces tentatives rationnelles d'explication, il reste que le mal est un mystère qui interroge la personne humaine et dans lequel elle est engagée. Le philosophe personnaliste Gabriel Marcel (1889-1973) définit le mystère en le distinguant du problème comme une question, une interrogation existentielle dont les éléments enveloppent la personne humaine, une question dans laquelle elle est impliquée, inscrite. Ainsi en est-il de la liberté, de l'existence, de la mort et du mal. Ceci signifie que le problème du mal reste, en fin de compte, insondable, insoluble. Il demeure une interrogation ouverte à jamais qui taraude l'homme. Toutes les explications possibles resteront impuissantes et la révolte ne s'épuisera pas. Il faut ici citer les graves paroles d'Etienne Borne : « Lorsque la philosophie tente de résoudre le problème du mal en acceptant le risque de l'échec absolu, elle ne trouve pas de solution, mais elle rencontre l'homme, l'homme nu au-delà du mythe, l'homme seul en deçà de Dieu » (Le problème du mal).

La seule réponse possible que l'homme puisse apporter au problème du mal est de lutter contre toutes ses formes. C'est que fait le Docteur Rieux en luttant contre la peste dans le roman éponyme de Camus alors que le Père Paneloux, tout en luttant contre la souffrance humaine, tente en vain de justifier le fléau comme châtiment divin pour sauver un ordre divin hypothétique.

CONCLUSION

Leibniz qui n'a pas cherché à donner une formulation méthodique de sa pensée, fut mal compris de ses concitoyens. Il eut comme principal disciple Christian Wolff (1679-1754), dont l'enseignement triompha dans l'Université allemande et qui eut une grande influence sur l'« Aufklärung », l'émancipation intellectuelle et rationaliste de l'Allemagne du XVIIIe siècle. Wolff influencera ainsi la pensée de Kant (1724-1804) qui établira une synthèse entre le rationalisme optimiste de Leibniz et l'empirisme de Hume (1711-1776).

2e partie
LA PHILOSOPHIE ANGLAISE

Hobbes
Locke
Hume
Berkeley

Abréviations utilisées
L : Le Léviathan – Hobbes
TNM : Traité de la nature humaine – Hume

Chapitre 5
HOBBES (1588-1679)

INTRODUCTION

Hobbes est un penseur politique anglais. Partant d'une conception pessimiste de l'homme, il démontre la nécessité d'un pacte social et politique : un « convenant » qui institue un pouvoir autoritaire qu'il appelle le « Souverain », pouvoir qui garantit la vie et la sécurité des citoyens en échange de leur totale obéissance. En cela, il est à l'origine de la conception « contractualiste » du droit qui va, peu à peu, remplacer la théorie ancienne de droit d'origine divine.

I – LE CONTEXTE

La conception politique de Hobbes, comme celle de Locke (1632-1704) et celle de Rousseau (1712-1778) est influencée par la pensée de Grotius (1583-1645). Humaniste, diplomate et juriste au service du grand Pensionnaire des Provinces Unies, Grotius travaille à apaiser les querelles religieuses entre les calvinistes et les remontrants, une secte protestante. Contemporaine de nombreuses guerres religieuses et de l'opposition entre la France et Habsbourg, sa réflexion est marquée par l'atmosphère de ces temps troublés. Il est l'auteur de deux livres qui font date : *Le droit de la guerre et de la paix*, dédicacé à Louis XIV, et *De la liberté de la mer*, écrit à la demande de la Compagnie néerlandaise des Indes Orientales.

La conception du droit que se fait Grotius est tributaire de la conception qu'il se fait de la nature humaine structurée autour de deux tendances fondamentales : la préservation de soi et le besoin de société. Il écrit : « C'est l'instinct social qui pousse l'homme à vivre dans une communauté ordonnée… régie par le droit, grâce à la raison qui est capable de connaître ce qui s'accorde ou non avec la nature de l'homme ». Le droit ne prend pas sa source dans la volonté de Dieu, mais dans la nature humaine et le caractère social de celle-ci. Cette conception du droit marque une profonde évolution par rapport aux conceptions anciennes religieuses. À la réflexion sur le droit de

Grotius, on peut associer celle d'un autre juriste, historien et philosophe, d'origine allemande Pufendorf (1632-1694), théoricien du droit protestant et reconnu pour son esprit de tolérance.

II – BIOGRAPHIE

Thomas Hobbes naît en 1588 à Westport où son père est pasteur. Enfant précoce, à 6 ans il apprend le latin ; à 14 ans il traduit la tragédie grecque *Médée* d'Euripide. Étudiant à Oxford, il a l'occasion de travailler avec Francis Bacon (1561-1626), un des premiers représentants de l'esprit scientifique moderne. Devenu tuteur du futur duc du Devonshire, il voyage sur le continent. En France, il fait la connaissance du Père Mersenne, le correspondant de Descartes. De culture encyclopédique, passionné de géométrie, il découvre les *Eléments* d'Euclide (IIIe s. av. J.-C.) qu'il considère comme un modèle de sciences.

Fidèle aux Stuart après l'arrivée au pouvoir de Cromwell (1598-1658), il s'exile en France pendant onze ans. Les événements mouvementés qui se passent en Angleterre lui inspirent la rédaction d'un ouvrage traitant du pouvoir politique : *Éléments de la Loi naturelle et politique* qui expose déjà les principaux points de sa pensée. De Paris, le père Mersenne lui communique un exemplaire des *Méditations Métaphysiques* de Descartes. Hobbes y répond de façon anonyme par les *Troisièmes objections*. Il en résulte une vive controverse entre les deux philosophes. Hobbes rejette la conception cartésienne de la substance spirituelle immatérielle et la théorie des « animaux-machines » que Descartes réduit à un pur mécanisme. À cette même époque, Hobbes entre en relation avec Galilée (1564-1642) qui défend l'héliocentrisme et W.Harvey (1578-1657) le découvreur de la circulation sanguine.

En 1642, Hobbes publie le *De cive* dans lequel il propose que le pouvoir religieux soit soumis au pouvoir politique. En 1651, il publie son ouvrage majeur : *Le Léviathan* qui développe sa théorie du « convenant ». Accusé d'athéisme, il regagne Paris. Des critiques qui lui sont *opposées naîtront le De Corpore concernant la liberté et la nécessité et le De Homine.*

Rentré à Londres après le retour de Charles II, Hobbes devient un familier du roi qui le protège contre ses ennemis qui attaquent son « Léviathan ». Il continue de publier. Il décède paralysé en 1679. Sur sa tombe, l'épitaphe suivante est gravée : «Vir probus et fama eruditionis domi forisque bene cognitus » : était bien connu à la maison et réputation à l'étranger pour l'apprentissage, et un homme droit.

III – LA PENSÉE DE HOBBES

1) Le projet

Hobbes, contemporain des troubles politiques anglais qui opposent le Parlement au Roi et occasionnent une guerre civile (1642-1647), observateur de la guerre de Hollande (1672-1679) opposant la France et la Hollande au St Empire et l'Espagne, cherche à remédier aux conflits qui jettent les hommes les uns contre les autres, et aux ravages et à l'insécurité qui en sont les conséquences. Pour cela, il propose un nouvel ordre politique assurant le respect de la vie, fondé sur un pacte civil et politique entre les hommes, sous la forme d'un contrat. À la suite de Grotius et de Pufendorf, il est l'un des premiers penseurs politiques « contractualistes» qui dénoncent le pouvoir fondé sur l'hérédité ou la religion qui n'aboutit qu'à des guerres. Il milite pour remplacer ce type de pouvoir qu'il juge obsolète par un état civil construit et œuvre de l'homme. Pour Hobbes, l'homme n'est pas sociable par nature ; il le devient par une sorte de rupture, par la création d'un artéfact créé par le besoin de sécuriser la vie humaine.

2) L'anthropologie hobbesienne

Hobbes se fonde sur une vision de l'homme du type matérialiste. Le ressort de la vie humaine est le « conatus » : l'effort, le mouvement que tout homme déploie pour se conserver en vie. Mais ce conatus est à comprendre de façon dynamique. L'homme ne se borne pas à défendre son existence ; plus que cela, il désire la puissance, la volonté de s'affirmer et de dominer. Mais, comme ce conatus rencontre son semblable en autrui, il s'ensuit une compétition sans fin de chacun contre tous, la guerre de chacun contre chacun. C'est le sens de la célèbre formule hobbesienne : « Homo homini lupus » : l'homme est un loup pour l'homme ; formule qu'il emprunte au poète comique latin Plaute (254-184).

De cette guerre universelle ne peuvent résulter que les sentiments de craintes, d'anxiété, de peur de mourir. Chacun a « le cœur rongé tout le jour, par la crainte de la mort, de la pauvreté ou de quelques autres malheurs ; et son anxiété ne connaît ni apaisement, ni trêve, si ce n'est dans le sommeil ». Pour survivre, l'homme doit quitter cet état désastreux de nature en créant un état artificiel et raisonnable : l'état civil créé par un contrat.

3) L'état de nature

Chez Hobbes, la description de l'état de nature n'est pas à prendre au pied de la lettre ; il s'agit d'une sorte de fiction, d'hypothèse pour faire comprendre comment les hommes sont parvenus à créer un état artificiel, mais bénéfique : l'état civil. Dans cet état de nature, l'homme recherche la conservation de sa vie, la satisfaction de ses besoins ; mais surtout il veut prouver sa valeur poussée par l'orgueil : « pride » et la vanité. Il recherche avant tout la reconnaissance par tous les moyens, de sa valeur et de sa puissance. La guerre de tous contre tous ne peut qu'en résulter : « Belum omniun contra omnes ».

Cet état de guerre est d'autant plus violent et perdurable que les hommes, à l'état naturel, sont égaux : ils ont les mêmes besoins, la même soif de puissance et de reconnaissance. Aucun n'est capable de prendre l'ascendant sur les autres et de les contraindre à la paix. « Tout bien considéré, la différence d'un homme à un autre n'est pas si considérable qu'un homme puisse de ce chef réclamer pour lui un avantage auquel un autre puisse prétendre aussi bien que lui » (L. chap. 13). Dans cet état, « chacun s'efforçant de détruire l'autre », aucun commerce, aucune science, aucun art n'est possible. « Il ne s'y trouve ni agriculteurs, ni navigateurs, ni usage des richesses qui peuvent être apportées de la mer ; pas de constructions commodes, pas d'appareils capables de mouvoir ou d'enlever des choses… pas de connaissances de la face de la terre, pas de computation du temps ; pas d'arts, pas de lettres, pas de sociétés » (L. chap. 13). Il s'en faut de peu que l'humanité en vienne à disparaître, incapable de distinguer le juste de l'injuste, le légitime de l'illégitime.

4) L'état civil

Poussés par l'instinct de conservation et la peur de la mort, les hommes conviennent d'un contrat : le « convenant » instituant l'état civil. Cette institution procède d'un calcul égoïste, mais rationnel, par lequel les hommes évaluent qu'en créant ce contrat civil régi par les lois, ils mettent fin à la guerre et sécurisent leur vie. Ce calcul ne doit rien à la morale, mais à de pures raisons égoïstes et psychologiques.

Ce contrat consiste à conférer tous les droits que les individus possèdent dans l'état de nature à une personne artificielle : « le Souverain » qui se trouve ainsi dépositaire d'un pouvoir et d'une puissance absolus. Ce Souverain ainsi institué met fin à la guerre, préserve la vie, permet le développement de la civilisation. Ce Souverain omnipotent peut être « un seul homme ou une seule assemblée qui puisse réduire toutes les volontés de la majorité en une seule volonté ». Le pacte instituant cette autorité suprême est total et universel. « Tous les hommes devenus citoyens et chacun d'eux soumettent leurs volontés à sa volonté, et leurs jugements à son jugement. C'est plus que le consentement ou la concorde : il s'agit d'une unité réelle de tous en une seule et même personne, faite par convention de chacun avec chacun, de telle manière que c'est comme si chaque individu devait dire à tout individu : j'autorise cet homme ou cette assemblée d'hommes et je lui abandonne mon droit de me gouverner moi-même, à cette condition que tu lui abandonnes ton droit et autorises toutes ses actions de la même manière » (L. chap. 17).

Un tel souverain est comparé par Hobbes à une sorte de dieu mortel qu'il nomme le « Léviathan », nom d'un monstre aquatique de la mythologie phénicienne repris par la Bible. Le

Léviathan impose sa loi à tous ; il juge de ce qui est nécessaire pour garantir la sécurité de chacun et la paix de tous. Il est l'unique détenteur du droit légitime d'user de la violence ; il promulgue les lois définissant le permis et le défendu. « De même que pour parvenir à la paix et grâce à celle-ci à leur propre conservation, les humains ont fabriqué un homme artificiel, que nous appelons un Etat, de même ils ont fabriqué des chaînes artificielles appelées lois civiles » (L. chap. 21).

Beaucoup de commentateurs ont vu dans le système de Hobbes la justification de despotisme, voire de totalitarisme. Et pourtant, même si Hobbes est peu sensible à la notion de volonté populaire encore bien peu développée à son époque, même s'il est partisan d'un gouvernement autoritaire, il ne tient pas à défendre l'absolutisme. Son Souverain n'est pas un tyran capricieux. Il n'exerce son pouvoir que dans les limites du but qui lui a été assigné : la paix, la sécurité de la vie. Et il émane de la volonté de tous. En cela, la pensée de Hobbes prépare la naissance de l'État moderne.

IV – ACTUALISATION

En nos temps postmodernes, on ne peut manquer de penser à Hobbes devant le déclin et la désaffection que subissent, dans nos pays occidentaux la notion et la réalité de démocratie représentative. Au même titre que les autres idéologies laïques et postreligieuses : le progrès, la patrie, la nation, la démocratie se voit contestée par beaucoup pour son inefficacité, sa lenteur d'action, sa compromission avec des intérêts particuliers. En témoignent des taux de participation très faibles dans certaines élections, particulièrement chez les jeunes et la perte d'influence des partis assimilés à des coteries.

C'est pourquoi, certains électeurs regardent avec intérêt vers des régimes forts : les fameuses « démocratures » qui n'ont de démocratie que de nom : la Russie, la Chine, la Turquie ; sans oublier les démocraties « illibérales » de l'Europe de l'Est. Les raisons de cette appétence nouvelles sont nombreuses : le goût de l'autorité et de la stabilité, la volonté d'agir vite, le souci de l'efficacité. Auquel s'ajoute le regain d'intérêt pour l'homme providentiel.

Tout ceci signifie que nous sommes rentrés dans une période « postdémocratique ». La démocratie ne va plus de soi. Il est urgent de la repenser, de la redéfinir, de la renouveler. En particulier en revenant à sa source : la démocratie grecque. Certes cette dernière n'était pas parfaite, elle ne concernait que 30.000 citoyens alors que plus de 150.000 esclaves ou métèques étaient laissés pour contre. Mais certaines de ses réalisations et les vertus qu'elle cultivait ont quelque chose d'éternel. Le « miracle grec » fragile et imparfait, nous rappelle que la politique ne va pas sans la morale et le sens du bien commun primant devant les intérêts particuliers et les passions individualistes. La démocratie est le régime politique le plus conforme au respect des droits de l'homme, mais aussi à la possibilité du « vivre ensemble ». Si elle accorde des droits imprescriptibles à la personne humaine, elle lui prescrit des devoirs impératifs. Il en ressort que la démocratie repose sur un équilibre fragile, toujours à construire ou à reconstruire. La démocratie exige la vertu, tant oubliée par l'hédonisme postmoderne.

CONCLUSION

Hobbes, fondateur de la philosophie politique moderne, sera repris en particulier par Rousseau. Mais celui-ci, dans son ouvrage : Du contrat social (1762), donnera à ce contrat une toute autre finalité que la sauvegarde de la vie : la sauvegarde de la liberté. Hobbes reste un des pères fondateurs de la pensée politique moderne.

Chapitre 6
LOCKE (1632-1704)

INTRODUCTION

Locke est un des plus grands philosophes anglais et le précurseur de l'esprit des lumières du XVIII siècle. Il est le grand représentant de l'empirisme, empirisme selon lequel toute connaissance naît de la sensation. Il s'oppose donc au rationalisme cartésien. Sa pensée politique, centrée sur l'état de droit, théorise la doctrine du libéralisme qui veut limiter les pouvoirs de l'État au bénéfice des libertés individuelles.

I – LE CONTEXTE

Avec Francis Bacon (1561-1616), Thomas Hobbes (1588-1679) et David Hume (1711-1776), Locke représente l'école empiriste anglaise dont il est le principal représentant. Pour ces empiristes, la seule source de la connaissance est l'expérience sensible, y compris pour les principes premiers de la raison. Ils comparent l'esprit à un tableau de cire vierge sur lequel vient se graver le message des sensations. Ils adoptent l'adage utilisé par St-Thomas (1225-1274), mais attribué à Aristote «Nihil est in intellectu quod non prius fuerit in sensu ». Ils s'opposent donc à l'idéalisme platonicien, au rationalisme cartésien.

La théorie empirique de la connaissance remonte à l'Antiquité. Pour les épicuriens, les corps expulsent des « simulacres », fines couches d'atomes qui pénètrent dans les sens. L'empirisme moderne naît avec Francis Bacon qui, dans une esquisse de la méthode expérimentale développée dans son livre : le Novum Organum, fait appel à la démarche empiriste. Sur le plan politique, Locke est influencé par Hobbes : mais comme Rousseau il donnera comme but au contrat social la sauvegarde des libertés individuelles.

II – BIOGRAPHIE

John Locke naît en 1632 à Wrington dans une famille de petits propriétaires. De son père, il reçoit une éducation sévère et puritaine ; les châtiments corporels lui donneront une aversion pour l'école à laquelle il préférera l'éducation domestique. Ce qui transparaîtra plus tard dans son livre : *Pensées sur l'éducation.* À Oxford, il étudie les humanités : la rhétorique, la logique, la morale et les mathématiques. À cette époque, à l'Université, Bacon, Hobbes et Descartes remplacent de plus en plus Platon et Aristote. Locke s'intéresse, à la suite de Bacon, à la science naissante et à la médecine.

Après avoir été tuteur et censeur en philosophie morale, il devient le précepteur du fils aîné du Comte de Shaftesbury et médecin de la famille. Souffrant d'asthme, il voyage en France et étudie Descartes. En 1682, Lord Shaftesbury doit s'exiler en Hollande en raison de ses idées républicaines. Locke le suit, accusé lui-même de conspiration contre Charles II qui a restauré le pouvoir royal après l'intermède de Cromwell. Il rentre en Angleterre à la fin de la seconde révolution de 1688 qui chasse Charles II avec dans ses bagages les manuscrits qu'il a rédigés. Guillaune d'Orange, le nouveau roi, lui offre un poste d'ambassadeur qu'il refuse pour raison de santé. Il devient Commissaire royal au commerce ; mais bientôt malade, il se retire chez des amis. Il décède en 1704. En raison de ses vertus de modération et de tolérance, Voltaire l'appellera le « sage Locke ».

En 1689, Locke publie la *Lettre sur la Tolérance*, ainsi que deux traités sur le gouvernement. En 1690, paraît l'édition de son œuvre majeure : *Essais sur l'Entendement.* Voltaire, admiratif, écrira : « Tant de raisonneurs ayant fait le roman de l'âme, un sage est venu qui en fait modestement l'histoire. Locke a développé à l'homme la raison humaine comme un excellent anatomiste explique les ressorts du corps ». En 1693 paraissent les *Pensées pour l'éducation des enfants* où l'on trouve l'esquisse de certaines réformes que proposera Rousseau dans *Émile ou de l'éducation.*

III – LA PENSÉE DE LOCKE

1) Le projet

Sensibilisé au problème de l'erreur et de ses causes par la lecture de Bacon, discutant fréquemment avec des amis à propos des fondements de la religion, Locke se persuade qu'il doit commencer par l'étude de l'esprit humain et en faire une analyse critique pour en déterminer les limites de validité. C'est le sujet même de son *Essai sur l'Entendement humain,* que Locke résume ainsi : « Etudier l'origine, la certitude et l'étendue de la connaissance humaine, montrer par quels moyens notre entendement vient à se former les idées qu'il a des choses, marquer les bornes de la certitude, définir ce qui sépare l'opinion de la connaissance, examiner quelles règles il faut observer pour déterminer exactement de notre persuasion à l'égard des choses dont nous n'avons pas une connaissance certaine ».

Il est important de noter, qu'un siècle plus tard, le grand philosophe allemand Kant (1724-1806) posera le même problème dans sa *Critique de la Raison pure.* À ce propos, il écrira : « On a pu croire, un instant, que dans les temps modernes, le célèbre Locke, par sa physiologie de l'esprit humain, avait dû mettre fin à toutes les querelles dogmatiques et sceptiques, et faire à chaque prétendant sa part ». À la métaphysique, dont les conclusions lui apparaissent bien incertaines et sans cesse discutées, Locke va substituer une psychologie : l'étude des facultés de l'esprit qu'il analyse dans un esprit positif d'observateur. La conclusion de Kant sera différente, mais il procédera de la même démarche critique.

2) La théorie de la connaissance

Partant de la conception empiriste selon laquelle l'esprit est une « table rase » une « page blanche », Locke se questionne : « Comment en vient-elle (l'âme ou l'esprit) à avoir des idées… d'où puise-t-elle les matériaux qui sont le fond de tous les raisonnements, de toutes les connaissances ? ». Locke entreprend alors d'étudier comment l'esprit forme les idées des choses à partir de l'expérience sensible. Mais l'empirisme de Locke ne se réduit pas à un pur sensualisme. Il existe, selon lui, un autre type d'expérience : celle du « sens interne » qui perçoit les différentes opérations de l'esprit et grâce auquel nous savons que nous doutons, nous croyons, nous imaginons et pensons.

Locke refuse donc, dans la première partie de l'*Essai sur l'Entendement* , la conception innéiste de Descartes. Il en voit la preuve dans la variété des cultures et des morales. Pour Locke, les fameuses idées innées de Descartes proviennent de l'expérience sensible et du sens interne. Il en est ainsi de l'idée d'infini à partir de laquelle Descartes entend prouver l'existence de Dieu. Cette idée naît simplement du fait que l'esprit ajoute indéfiniment les unes aux autres, les quantités finies perçues dans l'expérience. « Tout homme qui a l'expérience d'une longueur déterminée, comme d'un pied, d'une aune déterminée, peut aussi d'emblée, tripler cette longueur et avancer toujours de même sans voir de fin à ses additions ». (Essai).

Pour Locke, l'expérience sensible nous renseigne sur les « qualités premières » qui existent réellement dans les objets : le nombre, la figure, la solidité. Elle nous fait également découvrir les « qualités secondes » de ces objets : la couleur, le son, le goût ; qualités produites par le contact de la constitution corpusculaire de ces corps avec nos organes des sens. Par la réflexion, le travail du « sens interne », nous formons les idées de la perception, de l'attention, de la mémoire, du plaisir et de la peine. Par le concours de la sensation et du sens interne, nous construisons les idées d'existence, d'unité, de puissance, de succession, mais aussi les idées complexes de mode, de subsistance et de relation. Ainsi, l'expérience est bien la source de notre connaissance. « D'abord les sens remplissent, pour ainsi dire, notre esprit de diverses idées qu'il n'avait point, et l'esprit se rendant peu à peu ces idées familières, les place dans sa mémoire et leur donne un nom. Ensuite il vient à se représenter d'autres idées qu'il abstrait de celles-là et il apprend l'idée des noms généraux. De cette manière, l'esprit prépare les matériaux d'idées et de paroles sur lesquels il exerce sa faculté de raisonner et l'usage de la raison devient chaque jour plus sensible à mesure que ces matériaux sur lesquels elle s'exerce augmentent. (Essai).

Locke en tire la conséquence que notre connaissance est limitée ; elle ne peut pas connaître la nature propre des choses. Il en conclut que la métaphysique spéculative est impossible. Il s'inscrit en faux vis-à-vis de Descartes qui prétend connaître la substance divine comme un être réel, une entité existante. Pour Locke, l'idée de substance n'est rien d'autre que l'idée d'une collection de qualités toujours groupées dans l'expérience. Elle se résume à « l'idée de je ne sais quel sujet qu'on suppose être le soutien des qualités produites dans notre âme par des idées simples ». En récusant la métaphysique, Locke anticipe le criticisme kantien selon lequel l'esprit humain ne peut rien connaître des « noumènes », les choses en soi.

3) La pensée politique

Locke a été marqué par les troubles politiques qui se sont produits en Angleterre, en particulier l'opposition entre le Parlement et Charles I Stuart. En 1649, cette crise aiguë se termine par l'exécution du roi et l'instauration d'une république sous le protectorat de Cromwell. La monarchie est restaurée en 1660 avec Charles II. Mais un nouveau conflit avec le Parlement naît en 1688 et le roi, Jacques II, s'enfuit en France, tandis que le trône d'Angleterre passe aux mains de Guillaume d'Orange qui épouse Marie Stuart, la fille du roi exilé .Locke rentre en Angleterre. À l'occasion de ces troubles politiques, Locke forge sa pensée politique.

Locke peut être considéré comme l'inspirateur du libéralisme politique moderne qui dénonce la monarchie de droit divin. Après Hobbes (1588-1679), mais avant Rousseau (1712-1778), il est le véritable théoricien du « contrat civil », qui n'est pas chez lui, comme chez son devancier Hobbes, un pacte d'allégeance, mais la garantie du respect des libertés civiles. Toujours à la différence de Hobbes, Locke considère l'état de nature comme un temps de paix et d'entraide mutuelle où chacun jouit de tous ses droits sans léser autrui. Aucune règle positive n'est encore instituée, chacun obéit à la loi de la nature. Il s'agit donc d' « un état dans lequel les hommes se trouvent en tant qu'hommes, et non en tant que membres d'une société ». (Traité du gouvernement civil). De par nature, avant même l'institution de l'état civil, l'homme possède le droit de conserver sa vie, d'user de sa liberté et de détenir des biens en propriété. « Ainsi, l'herbe que mange mon cheval, les mottes de terre que mon valet à arrachées et les creux que j'ai faits dans les lieux auxquels j'ai un droit commun avec d'autres, deviennent mon bien et mon héritage propre sans le consentement de qui que ce soit ». (Traité).

Parmi ces droits matériels, Locke insiste sur celui de propriété, car il est nécessaire à la conservation de la vie, à l'exercice de la liberté humaine, à l'accomplissement de soi. « Chaque homme est propriétaire de sa personne. Aucun autre que lui-même ne possède un droit sur elle ; le travail de son corps et l'ouvrage de ses mains lui appartiennent en propre. Il mêle son travail à tout ce qu'il fait sortir de l'état dans lequel la nature l'a laissé et y joint quelque chose du sien ». (Traité). Pour Locke, la propriété privée n'est que l'extension de la personne donc inviolable comme elle.

Et c'est pour défendre les droits naturels de l'homme, spécialement le droit de propriété, que la société est instituée ou plutôt consolidée par le contrat civil. Le contrat civil n'intervient que pour renforcer et garantir l'ordre naturel existant, pour le défendre de la force de l'autorité commune. « Les hommes donc sortent de l'état de nature et entrent dans une société politique, lorsqu'ils créent et établissent des juges et des souverains sur la terre, à qui, ils communiquent l'autorité de terminer tous les différents et de punir toutes les injures qui peuvent être faites à quelqu'un des membres de la société » (Traité). À la différence de Hobbes, l'état civil ne crée pas, mais il prend le relais de l'état de nature et il institue celui-ci objectivement. Chez Hobbes le pacte est unilatéral ; chez Locke c'est un vrai contrat, un engagement mutuel. Il institue moins un souverain qu'un pouvoir législatif et judiciaire.

Afin que l'autorité de l'État instituée par le contrat civil ne devienne absolue, il importe d'éviter la concentration des pouvoirs en confiant l'autorité suprême à une assemblée élue et renouvelable qui contrôle l'exercice des lois qu'elle dicte. En cela, Locke est un des principaux initiateurs de la démocratie moderne représentative. À noter que Locke conçoit une limite au droit de propriété : le devoir de charité. Un propriétaire, même dans son bon droit, se doit de céder les biens qui lui sont inutiles en faveur des plus démunis. Remarquons aussi que Locke, malgré son modernisme, reste tributaire de l'esprit de son époque. Lui qui s'est investi dans le commerce, ne trouve rien à redire à l'institution de l'esclavage. Dans la Constitution fondamentale de la Caroline qu'il a rédigée, il écrit : « Tout citoyen libre de Caroline exerce un pouvoir et une autorité sans limites sur ses esclaves quelles que soient les opinions de ceux-ci ou leur religion ». Notre Voltaire ne fera pas mieux !

4) La tolérance religieuse

Locke est un adepte convaincu de la tolérance religieuse, conviction qu'il faut mettre au profit de son empirisme et de son refus des idées innées qui, pour Descartes, viennent de Dieu et sont donc nécessaires et universelles. Nécessité et universalité qui créent l'intolérance religieuse. Pour Locke, puisque toutes les idées viennent de l'expérience, par définition personnelle sinon subjective, l'idée du divin est tributaire de la culture. Ainsi, tout homme a-t-il le droit de professer la foi et d'exercer le culte qui lui convient et de discuter de tous les sujets religieux. Locke place cependant une limite à cette tolérance religieuse : les dogmes contraires à la société humaine, en particulier ceux des papistes obéissant à un souverain étranger et les opinions des athées. Dieu n'est pas une vérité découverte par la foi, son existence peut être établie par la raison. Mais celle-ci est infirme à savoir ce qu'est Dieu en lui-même. Toujours dans sa *Lettre sur la tolérance*, Locke milite pour la séparation entre l'État et l'Église protestante.

IV – ACTUALISATION

Locke est un précurseur de l'esprit de tolérance à une époque où règne sur le plan politique, des souverains au pouvoir absolu, et sur le plan religieux un dogmatisme écrasant. En cela, il ouvre la voie au siècle des Lumières du XVIIIe siècle. Cet esprit de tolérance a lentement progressé en Occident aux siècles suivants, en particulier en France avec la séparation de l'Église et de l'État et la fin du monopole de l'Église sur l'enseignement. Aujourd'hui, dans notre monde postmoderne hédoniste, relativiste et nihiliste, nous oublions trop souvent les durs combats qu'ont dû mener les défenseurs de l'esprit de tolérance. Aujourd'hui, chacun est libre de penser, de juger, de vivre selon son bon plaisir selon l'adage à la mode « be yourself ». Cela signifie-t-il cependant que l'on doit tout tolérer ? Est-il interdit d'interdire ? Ces deux questions peuvent être formulées d'une façon plus raisonnée comme le fait A.Comte Sponville dans son *Petit traité des grandes vertus* : «Juger qu'il y a de l'intolérable, est-ce toujours faire preuve d'intolérance ? Ou encore : « Être tolérant est-ce tout tolérer ?

À ces questions, l'auteur répond par la négative. Une tolérance universelle et totale finirait par tuer la tolérance au profit des intolérants, au bénéfice de l'atroce et de l'inacceptable. On ne saurait accepter les conditions économiques inhumaines, le viol, la marchandisation du corps humain. Comte Sponville écrit : « La tolérance a donc des limites, elle *ne* vaut *donc* que dans certaines limites, qui sont celles de sa propre sauvegarde et de la préservation de ses conditions de possibilités » (p. 213). Ce que Karl Popper appelle le « paradoxe de la tolérance ».

La tolérance a une autre limite intrinsèque qui tient à son rapport à la vérité. La tolérance ne s'applique pas dans le domaine mathématique où les propositions sont démontrées, et dans le domaine scientifique où les lois sont expérimentées et prouvées. Aussi, les doutes actuels, en particulier d'origine religieuse, qui mettent en question des découvertes scientifiques établies, sont invalides. Par contre, dans le domaine des opinions, des pensées et des conceptions, la tolérance s'applique. À condition que ces dernières acceptent l'échange, la discussion et la contradiction. Dans le registre des conceptions politiques et religieuses, en partie dans le domaine moral, « chacun, aussi convaincu qu'il puisse être d'avoir raison, doit donc admettre qu'il est hors d'état le prouver, et dès lors sur le même plan que tel ou tel de ses adversaires, tout aussi convaincu que lui et tout autant incapable de le convaincre ». (p. 219).

La tolérance, en ces temps où l'opinion et les oukazes des « bien-pensants », des « bien-parlant » et la prégnance de la

« pensée correcte » cherchent à s'imposer et à interdire tout débat, reste une vertu majeure plus que jamais nécessaire. Elle est une vertu profondément humaine qui nous rappelle que nous sommes des créatures imparfaites. À ce propos, Montaigne disait : «C'est mettre ses conjectures à bien haut prix que d'en faire cuire un homme tout vif ».

CONCLUSION

Locke apparaît comme un esprit précurseur en bien des domaines. Grand représentant de l'école empiriste anglaise, il est le premier vrai théoricien du contrat social, un des premiers penseurs du libéralisme politique et de la tolérance en matière religieuse. En cela, il préfigure et annonce les Lumières françaises du XVIIIe siècle. Il mérite bien le qualificatif de « sage » que Voltaire lui attribuera.

Chapitre 7
BERKELEY (1685-1753)

INTRODUCTION

Berkeley est un empiriste de l'école anglaise, influencé en particulier par la pensée de Locke. Mais son empirisme se mue en un idéalisme et un immatérialisme. Pour lui, « être » c'est « être perçu » : « Esse est percipi ». Cependant, son immatérialisme ne l'empêche pas d'adhérer aux messages des sens qui sont vrais et à prendre comme tel. À la fin de sa vie, Berkeley se rapprochera du spiritualisme néoplatonicien. Son système, qui apparaît comme une étrange synthèse ne se comprend qu'à la lueur du but qu'il poursuit : répondre aux sceptiques, aux matérialistes et aux athées à qui la science nouvelle donnent des arguments de poids.

I – LE CONTEXTE

Au dernier siècle av. J.-C., le cœur de la philosophie se déplace d'Athènes à Alexandrie, ville ouverte où se côtoient des Égyptiens, des Juifs, des Grecs et des Romains. La ville devient, avec sa fameuse bibliothèque, le foyer de la culture hellénistique. C'est dans ce milieu que se développe le néoplatonisme, mélange du rationalisme grec, de religions à mystères telles celles de Mithra et d'Isis d'origine orientale et de pensée chrétienne. Vu l'instabilité politique de l'époque, beaucoup d'hommes sont à la recherche d'un salut divin qu'ils veulent fonder rationnellement en faisant appel au platonisme, mâtiné d'influences orientales.

La grande figure du néoplatonisme est Philon d'Alexandrie (v.25 avant-v.50 apr. J.-C.), un juif de culture grecque qui lit la Bible dans la version originale des « Septante ». Philon cherche à faire la synthèse entre la loi mosaïque, Platon et Zénon, le fondateur du stoïcisme. Pour Philon, la Bible et Platon disent la même chose, la première sous forme allégorique, le second sous forme rationnelle. Parvenu à Rome après une campagne militaire, il fonde une école. Son enseignement sera compilé par son disciple Porphyre, groupé en six *Ennéades*. Pour Plotin, la réalité suprême est formée de trois substances premières ou « hypostases » qui s'engendrent les unes les autres par « procession », sorte d'effusion. La première est l'« Un », source de tout être, de toute plénitude et de toute richesse. Il engendre l'« Intelligence » ou le « Verbe », principe de toute justice et de toute beauté. Le Verbe donne naissance à l'« Ame », principe du monde intelligible et matériel dont les âmes individuelles sont des parcelles. Dans cet engendrement successif, l'Un se disperse, s'obscurcit dans la matière, la chair et le monde. Mais à la manière du monde sensible platonicien, le monde garde une trace et une marque de l'Un et peut donc, par un mouvement de conversion, faire retour à sa source. La pensée néoplatonicienne de Philon marquera le christianisme, en particulier l'évangile de Jean : « Et le verbe s'est fait chair et il a habité parmi nous » et vraisemblablement la définition du dogme de la Trinité. La lecture de Plotin arrachera le jeune Augustin des mains du dualisme manichéen.

II – BIOGRAPHIE

Georges Berkeley, irlandais d'origine anglaise, naît en 1685, au sein de la petite noblesse provinciale. Au Trinity Collège de Dublin, il fait la connaissance de la pensée de Locke, puis enseigne l'hébreu, le grec et la théologie. Anglican, il est ordonné en 1709. Cette même année, il publie un *Essai en faveur d'une nouvelle théorie de la vision* où il relate les expériences faites sur des aveugles recouvrant la vue après l'opération de la cataracte. Et il en conclut que la distance entre l'œil et les objets vus n'est pas perçue, mais appréhendée par le jugement. En 1710, paraît son *Traité sur les principes de la connaissance humaine*, dans lequel Berkeley développe sa principale thèse : la matière n'existe pas ; il n'existe que des états de conscience sous la forme de représentations sensibles. En 1713, paraît les *Dialogues entre Hylas et Philomonous* version populaire de son Traité.

Entre 1714 et 1721, Berkeley alterne des travaux académiques et des voyages en France et en Italie. En 1724, il devient le doyen de la paroisse de Derry ; mais il abandonne son poste pour partir évangéliser les Bermudes. Débarqué à

Newport, il attend en vain les subsides promis. Il achète alors une plantation et prononce des sermons justifiant l'esclavage. Il lit les néoplatoniciens, en particulier Plotin et Proclus (v.412-485) qui auront une influence sur l'inflexion de sa pensée.

Rentré en Angleterre, il est nommé évêque de Choyne près de Cork. Il publie *Alciphron ou le petit philosophe* où il attaque le satiriste anglais Mandeville (1670-1733) qui dans sa « Fable des abeilles » soutient que l'égoïsme inné de l'homme concourt à l'établissement du bien commun. À Choyne, Berkeley même une vie de charité et fait preuve d'une grande tolérance religieuse. Lors d'une grande épidémie, l'évêque se fait médecin. Cet évènement malheureux lui inspire des réflexions d'inspiration platonicienne et néoplatonicienne consignées dans l'essai *Siris ou réflexions et recherches philosophiques concernant les vertus de l'eau de goudron.* Retiré bientôt avec son fils, il décède en 1753, estimé pour son caractère affable et bon.

III – LA PHILOSOPIE

1) Le projet

Berkeley, qui est un ecclésiastique, a avant tout un but apologétique. Bien qu'empiriste, il critique les arguments qu'en tirent les sceptiques et les matérialistes pour nier Dieu. Il veut combattre le doute et l'incroyance. Il pense, à rebours des sceptiques, que si la science et la philosophie s'épuraient, il en résulterait une sagesse humaine conforme au Christianisme. Son ouvrage principal : le *Traité sur les principes de la connaissance humaine* est consacré à la défense de la Parole de Dieu mise à mal par le progrès de la science naissante et par les libres penseurs.

Dans le *Cahier de notes* qui ne sera publié qu'en 1871, il explicite son projet qui remonte à sa jeunesse : « Le tout dirigé vers la pratique de la moralité, comme cela ressort d'abord de la démonstration de la proximité de la toute-puissance de Dieu, en second du rejet du travail superflu dans les sciences ». À la différence de la position critique de Locke qui a pour but de limiter les pouvoirs de l'esprit, Berkeley part d'une position optimiste avec l'assurance que l'esprit n'a pas à douter de ses facultés, car rien n'existe sans lui : « Rien n'existe proprement que des personnes, c'est-à-dire des choses conscientes : toutes les autres choses sont moins des existences que des modes d'existence des personnes ». L'empirisme tempéré de Berkeley vire à l'idéalisme et à l'immatérialisme.

2) La théorie de la vision

Berkeley s'intéresse dans son *Essai en faveur d'une nouvelle théorie de la vision,* à la perception de la distance. Pour lui, c'est une erreur de croire que nous percevons les distances, les grandeurs, les déplacements. Nous en jugeons à partir de certains signes sensibles comme la luminosité des objets, leur grandeur apparente. À partir de la perception d'un changement de netteté d'un objet, nous jugeons de la modification de la distance. De la sensation de l'adaptation de l'œil, nous estimons la distance de l'objet fixé. Berkeley en tire la conclusion qu'il n'existe pas un espace absolu comme l'avance la physique de Newton (1642-1727). Il n'existe qu'un espace visuel et un espace tactile dépendants de nos sens. En cela, il préfigure ce que sera l'espace kantien : non par une réalité, mais une forme a priori de la sensibilité. Berkeley est en route vers l'idéalisme et l'immatérialisme.

3) La théorie de la connaissance

La réflexion de Berkeley sur la connaissance humaine part de la distinction de Locke entre les « qualités premières » telles le nombre, la figure, la solidité qui existent réellement dans les choses, et les « qualités secondes » comme le goût, la couleur, le son, qui dépendent de nos organes des sens et donc n'existent pas réellement .Berkelay refuse cette distinction ; toutes les idées que l'esprit tire de l'expérience de ces prétendues qualités sont relatives à nos sens, à notre représentation. Elles ne se réfèrent pas à une matière existante indépendamment de notre représentation. Il n'existe que nos représentations, nos idées, nos états de conscience. Tout se situe dans la bulle de nos états de conscience.

Berkeley résume sa conception par deux locutions latines : « Esse est percipi », « Esse est percipere » : être c'est être perçu. Les objets dits extérieurs n'existent que dans nos états de conscience. États de conscience qui se veulent à la fois conscience d'un objet et conscience de soi ayant conscience de cet objet. À ce propos, Luc Ferry écrit : « Par définition, je ne vois jamais le chien en soi. Jamais. Chaque fois que j'y pense, chaque fois dès que je le perçois, le sent ou l'imagine, il reste un chien pour moi. Je vois le phénomène, l'objet pour moi dans ma représentation, jamais la chose en soi. Par définition même. (Sagesse d'hier et d'aujourd'hui. Fasc. 9 p.49). Berkeley s'inscrit à faux contre le sens commun qui pense que la maison, la montagne, la rivière, tous les objets sensibles ont une existence réelle distincte du fait d'être perçus. Il écrit : « Je ne peux me représenter dans mes pensées une chose sensible ou un objet à part les sensations que j'en ai ; l'objet et la sensation sont identiques et ne peuvent s'abstraire l'un de l'autre. Pour exister, un objet doit être perçu. Il n'existe que perçu, en tant qu'il est un état de conscience ». (Traité sur les principes de la connaissance humaine). La théorie de Berkeley est donc bien un idéalisme : seule existe la conscience et ses états, ses représentations, et ses idées.

Berkeley justifie sa position à travers la déconstruction qu'il fait de la notion d'idée abstraite et générale, ce que nous appelons un concept. Pour Berkeley, c'est en raison d'une conception erronée de cette notion que nous pensons qu'elle renvoie à des objets extérieurs. Elle n'est qu'un « monstre logique » ; ce n'est qu'un nom, qu'un son, qui ne peut être pensé seul. Si je veux penser le concept d'homme, je dois faire appel à l'image visuelle d'un homme particulier, grand ou petit, maigre ou gros. Pour penser la forêt, je me souviens d'images visuelles d'arbres regroupés ensemble. Ce qui est la preuve que l'idée abstraite et générale se réduit à nos représentations mentales, à nos états de conscience.

L'idéalisme de Berkeley se dépasse donc lui-même pour devenir un immatérialisme. Il n'y a que des idées d'un monde matériel mises par Dieu en notre esprit. C'est par un préjugé, une illusion que nous pensons qu'en dehors de nous, il existe des objets matériels. L'idée abstraite et générale de matière n'est qu'un mot, qu'un son renvoyant à nos représentations conscientes. C'est ce qu'explique Berkeley dans les *Dialogues entre Hylas et Philomonous.* Ce dernier, qui représente Berkeley, explique à Hylas, le matérialiste, que c'est par un abus de langage que nous croyons en l'existence d'une matière extérieure à nous.

Mais l'immatérialisme de Berkeley semble se résoudre dans un réalisme naïf et ingénu. Pour Berkeley les idées, dont le siège est la conscience, constituent une vraie réalité en soi, autonome. Il écrit : « Vous vous trompez, je ne veux pas transformer les choses en idées, je veux plutôt transformer les idées en choses, car les objets immédiats de la perception, qui d'après vous sont seulement les apparences des choses, je les tiens pour les choses réelles elles-mêmes ». Dieu n'est pas trompeur. Et donc, « il est fou, de la part des hommes de mépriser les sens, sans eux l'esprit ne peut atteindre aucun savoir, aucune pensée… ».

Pour Berkeley, vaine est la distinction entre le monde matériel et spirituel. « Rien n'existe proprement que des personnes, c'est-à-dire des choses conscientes : toutes les autres choses sont moins des existences que des modes d'existence des personnes ». La doctrine de Berkeley est atypique et originale, et ne peut être que discutée. Mais il ne faut pas oublier qu'elle a été construite à des fins apologétiques. En niant la réalité de la matière extérieure, Berkeley entend saper les arguments des matérialistes et défendre la religion. Mais Berkeley se trouve devant des difficultés qui semblent insurmontables. Comment expliquer le sentiment prégnant que nous avons de l'existence d'un monde extérieur ? Comment expliquer la passivité des représentations que nous en recevons ? Comment expliquer la communication des consciences ? Pour répondre à ces fortes objections, Berkeley fait appel à la théologie.

4) La théologie garante de l'immatérialisme

Aux objections puissantes des athées qui se moquent de son immatérialisme, Berkeley répond : « C'est la matière qui n'existe pas, seul Dieu et les esprits existent ». Berkeley développe : « C'est Dieu en qui nous vivons, nous mourons et nous avons notre être, qui produit toute la variété des idées et des représentations. C'est lui la cause des modifications de notre esprit ». Son existence et sa véracité assurent la vérité et la réalité de nos représentations en l'absence d'une matière extérieure. C'est lui qui permet la communication des consciences en envoyant aux uns et aux autres, dans le même ordre harmonieux, les mêmes idées. Cette correspondance est la preuve même de son existence, de sa puissance et de sa bonté. La connaissance humaine, loin d'être inféodée à une vile matière, est directement imprimée par Dieu dans les consciences. Le monde n'est donc qu'un « discours de Dieu », une « parole divine ». La nature n'est pas un être distinct de Dieu, mais le langage par lequel Dieu nous parle directement. Ce qui signifie que Berkeley porte sur la science de son temps, un regard critique.

5) La critique de la science

Berkeley condamne les « abstractions » des mathématiques et de la physique qui rendent obscure aux hommes le langage simple que Dieu tient aux hommes à travers la nature, ce qui est la cause de l'athéisme. Il propose à ces disciplines un objet d'étude plus élevé : admirer la beauté, l'ordre et la variété de la nature qui témoignent de la sagesse divine. Avant Bergson (1859-1941) qu'il inspirera, il rejette l'artificialité du temps abstrait de la physique, homogène et mesurable. Pour lui, comme pour Bergson, seul existe le temps vécu, le seul temps réel, celui de la durée ressentie et éprouvée, « plus long dans la douleur que le plaisir ». Il n'accepte pas l'étendue divisible à l'infini des mathématiques ; il y a, selon lui une « minimum visible » et un minimum tactile » en dessous desquels un objet ne peut être perçu. Il refuse le calcul infinitésimal qui vient d'être inventé par Leibniz. Toutes ses critiques ont des raisons apologétiques. Ce que confirme E. Bréhier : « L'existence indépendante de la matière et la physique mécaniste qui lui est liée, étaient les moyens les plus certains de conduire l'homme à l'athéisme : de là naît ce type de « philosophes mesquins », de « philosophes de la petitesse » qui, ignorent la grandeur des œuvres divines et que Berkeley attaque dans son « Alciphron ou le petit philosophe » (Hist. de la philo, tome II, fasc. 2, p.312).

IV - ACTUALISATION

La critique que fait Berkeley de la science est intéressante, car elle illustre la difficulté que le bon sens commun, la connaissance empirique, éprouve devant le langage scientifique mathématisé s'exprimant en de compliquées équations qui déconstruisent les couleurs, les sons, les odeurs et les réduisent à des quantités abstraites. Spontanément l'homme est un réaliste naïf, un sensualiste, un poète qui s'extasie devant la variété et la diversité qualitatives du monde. C'est ce que rappelle le fondateur de l'épistémologie française Gaston Bachelard (1884-1962) dans son beau livre : La formation de l'esprit scientifique. Berkeley est l'exemple même de ce que Bachelard appelle : « l'esprit préscientifique » qu'il décrit ainsi : « Cette philosophie facile qui s'appuie sur un sensualisme plus ou moins franc, plus ou moins romancé et qui prétend recevoir directement ses leçons d'un donné clair, net, sûr, constant, toujours offert à son esprit ouvert » (p.23). Ce type d'esprit se focalise sur les aspects les plus immédiats, les plus concrets, les plus sensuels et qualitatifs de la réalité. Il aime s'étonner, s'extasier, s'émerveiller devant la variété kaléidoscopique de la nature offerte à ses yeux, à tous ses sens. Bachelard qualifie ce type de pensée de « badinage », de « pensée mondaine », de «butinage ».

Confronté à l'abstraction des équations mathématiques et des lois physiques, l'esprit préscientifique est perdu et se scandalise. On lui a volé la nature, on l'a « déréalisée ». Dans son ouvrage, Bachelard cite à ce propos un certain Père Castel qui reproche aux lois mathématiques de la gravitation de Newton (1642-1727) d'avoir vidé l'univers de son contenu, de sa réalité chatoyante et vivante. « Il (Newton) s'était trop sèchement livré à la géométrie. Avare de formes, car il ne concevait guère d'autres différences dans les corps que la matière même, la densité, le poids, il était en conséquence tout aussi avare de matière que Descartes était prodigue. Il a immatérialisé les espaces célestes (P.230). Et le Père Castel continue à propos de l'optique de Newton : « En n'y mesurant que les angles », il a transformé les mille couleurs réelles en « couleurs fantastiques, spéculatives, idéales et à la pointe des yeux ».

La conclusion de Bachelard est formelle. On ne peut passer de la connaissance quotidienne commune, qui correspond à l'esprit préscientifique, à la connaissance scientifique que par une conversion de la pensée. Il n'y a pas continuité entre ces deux formes de connaissance. Pour passer de l'une à l'autre, il faut une éducation, mieux une rééducation de la pensée ce que Bachelard nomme une « rupture », une « catharsis ». L'auteur écrit : « L'esprit scientifique doit se former contre la nature, contre ce qui est en nous et hors de nous, l'impulsion et l'instruction de la nature, contre l'entraînement naturel, contre le fait coloré et divers . L'esprit scientifique doit ses formes en se réformant ».

CONCLUSION

Vers la fin de sa vie, Berkeley, sous l'influence de ses lectures néoplatoniciennes, évoluera vers une conception de l'univers régi par une force spirituelle providentielle, un Esprit cause de tout. La pensée de Berkeley est donc complexe et originale dans l'histoire de la philosophie. Cependant, elle présente des points communs à l'occasionnalisme de Malebranche et l'harmonie préétablie de Leibniz. Berkeley n'aura pas de disciples, il restera une sorte d'astre errant philosophique.

Chapitre 8
HUME (1711-1776)

INTRODUCTION

Hume est avec son compatriote Locke un représentant de l'empirisme anglais. Sa célèbre critique du principe de causalité, met en cause les certitudes du rationalisme du XVIIe siècle. Et son empirisme se mue en scepticisme ; cependant sa critique de la religion reste nuancée.

I – LE CONTEXTE

Le scepticisme de Hume se nourrit de la lecture des philosophes sceptiques anciens, en particulier de celle de Pyrrhon (v.367-v.275) qui fonde à Athènes une école contemporaine de celle des stoïciens et des épicuriens. Témoin de l'opposition virulente entre ces deux écoles, Pyrrhon en tira le sentiment que l'homme est incapable de connaître avec certitude puisque sur le même sujet il peut défendre, avec autant de vraisemblance, deux opinions contraires. Il en conclut qu'il lui valait mieux suspendre tout jugement, garder le silence : «l'aphasie », afin de parvenir à la paix de l'âme : « l'ataraxie ». Au IIIe siècle apr. J.-C., le médecin et astrologue grec, Sextus Empiricus, compile les arguments de l'école pyrrhonienne dans un livre : *Hypotyposes pyrrhoniennes* que Hume a sans doute lu.

Hume, de plus, a subi l'influence du scepticisme de Montaigne (1533-1592). Celui-ci, d'abord stoïcien sous l'influence de son ami Étienne de la Boétie, en vient à penser que l'aptitude sceptique convient mieux à la faiblesse de l'esprit humain. Dans l' « Apologie de Raymond Sebon », Montaigne en conclut : « Que sais-je ? ». Cependant le doute de Montaigne n'est pas purement négatif, il est le signe d'une grande lucidité et d'une volonté d'indépendance d'esprit.

II – BIOGRAPHIE

David Hume naît à Édimbourg en 1711. Perdant son père à 3 ans, il est éduqué par son oncle, pasteur, dont l'enseignement est austère et maladroit. L'antipathie de Hume pour la religion tient sa source, en partie, dans les rudes sermons de cet oncle. Au collège, Hume a pour professeur de sciences un disciple du grand savant Isaac Newton (1642-1727) dont il retiendra la méthode expérimentale pour étudier la morale et la métaphysique. Son goût le portant plutôt sur les lettres, il lit les Anciens : Virgile, Cicéron et Sextus ; mais aussi les Modernes : Bacon, Montaigne, Malebranche, Milton, Shaftesbury. Il consigne ses réflexions sur un cahier et rêve de devenir un philosophe reconnu.

Après un bref séjour dans le commerce, il se met à voyager. En France, à La Flèche là ou Descartes a étudié, il écrit son *Traité de la nature humaine*, à 27 ans, son chef-d'œuvre publié à Londres en 1739-1740. Ne rencontrant pas le succès, en partie en raison d'une présentation trop savante, il se met à écrire des essais plus courts pour diffuser sa pensée. En 1741-1742, paraissent les *Essais moraux et politiques* mieux appréciés, mais qui éveillent l'hostilité de l'Église en raison du scepticisme qui s'y fait jour. Le titre définitif de ces essais sera *Essais philosophiques sur l'entendement humain*.

Se voyant, en raison de cet ouvrage refusé un poste de philosophie à l'université de Glasgow, il devient conservateur d'une bibliothèque à Édimbourg, ce qui lui permet de recueillir de nombreux documents pour l'écriture de sa monumentale *Histoire de l'Angleterre* et de son *Essai sur l'histoire naturelle de la religion*. Il publie aussi : l'*Enquête sur la religion* et l'*Enquête sur les principes de la morale*. De 1763 à 1765, il est à Paris secrétaire d'ambassade. Les philosophes français connaissant sa lutte contre la superstition et le fanatisme, lui font un triomphe et le prennent pour un frère. Il devient l'ami des Encyclopédistes Helvétius, d'Alembert et Diderot, mais aussi de Montesquieu. Ces derniers applaudissent ses positions antireligieuses prises dans son *Essai sur les miracles et l'immortalité de l'âme*. En 1766, il rentre en Angleterre ramenant avec lui Rousseau proscrit de partout. Mais, au bout de 3 mois, la brouille s'établit entre les deux hommes en raison du caractère soupçonneux, voire paranoïaque de Rousseau. Et pourtant, Hume considère La nouvelle Héloïse comme un chef-d'œuvre.

Désormais considéré et riche, Hume passe sa vieillesse dans sa ville natale où il retrouve Adam Smith, père du libéralisme économique, qui dans son ouvrage *Recherche sur la nature et les causes de la richesse des nations* (1776) parle de la « main invisible » qui utilise les intérêts personnels et égoïstes de chacun au service du bien commun. Souffrant d'une tumeur à l'estomac, il décède dans une grande sérénité. Son neveu fera paraître en 1779 ses *Dialogues sur la religion naturelle*.

III – LA PENSÉE DE HUME

1) Le projet

Hume a voulu être le Newton de la psychologie : le sous-titre de son *Traité de la nature humaine* est éclairant : *Tentative pour introduire la méthode du raisonnement expérimental dans les sciences morales*. Comme Locke, il veut établir une étude positive du fonctionnement de l'esprit humain et de ses différentes facultés. Le but poursuivi est critique : celui de déconstruire la métaphysique rationnelle, mais aussi la morale et la religion dogmatique. Pour Hume, ces disciplines qui prétendent faire appel à une Révélation divine ne sont que des œuvres humaines et donc relèvent des mêmes méthodes d'étude que les sciences expérimentales.

2) La théorie de la connaissance

À propos de la connaissance, Hume cherche à compléter la pensée de Locke et de Berkeley. Ces derniers nomment « idées » la représentation venant de l'expérience sensible ; Hume les appelle les « perceptions ». Il distingue les perceptions premières ou « impressions », au-delà desquelles on ne peut pas remonter, et qui sont caractérisées par leur « vividness et liveliness », et les perceptions secondes ou « idées » qui sont les images affaiblies des premières. Ces perceptions secondes s'attirent les unes les autres selon des lois précises comme les planètes s'attirent selon les lois de la gravitation de Newton : lois de ressemblance, de contiguïté, de cause à effet. À propos des perceptions premières, Hume écrit : « Les perceptions qui entrent avec le plus de force et de violence, nous pouvons les nommer impressions ; et sous ce terme, je comprends toutes nos sensations, passions et émotions, telles qu'elles font leur première apparition dans l'âme ». (Traité de la nature humaine). Quant aux perceptions secondes, il précise : « Par idées, j'entends les images affaiblies des impressions dans la pensée et le raisonnement ». (T.N.H).

Pour Hume, toute la vie psychique s'explique par les relations que les « perceptions » tissent entre elles pour former des associations, selon la concomitance, la succession, la répétition des expériences sensibles où elles se forment. Nul n'est besoin de faire appel à des principes a priori préexistant à toute expérience. Il en est ainsi du principe de causalité dont Hume établit une critique radicale. Au nom de ce prétendu principe, les philosophes rationalistes affirment que le feu allumé dans le foyer est la cause de l'eau chaude du chaudron. Hume met en pièce ce raisonnement en avançant que, dans un tel raisonnement, je dépasse le témoignage de mes sens qui ne me font pas voir la « cause ». Je ne fais que l'expérience sensible de la succession des deux phénomènes : le feu qui chauffe et l'eau qui bout. Pour Hume, le principe de causalité se réduit donc au produit de l'expérience de la succession et de la répétition de cette succession des deux phénomènes. Nul objet « ne nous montre jamais par les qualités qui paraissent aux sens, soit les causes qui les produisent, soit les effets qui en naissent ». (T.N.H). La même critique prévaut quand je dis que ma volonté de lever les bras est la cause du mouvement d'élévation de ceux-ci. À proprement parler, je ne vois pas cette prétendue cause dans l'expérience sensible ; je n'expérimente là encore que la succession de deux impressions : l'idée de lever les bras et les bras qui s'élèvent.

De ces deux analyses, Hume en conclut que le prétendu principe de causalité n'est qu'une croyance fondée sur l'habitude, la coutume, l'habitude de voir toujours deux sensations se succéder et l'attente qu'un phénomène soit suivi par un autre phénomène. La « cause » qui désigne l'antécédent constant n'est qu'une illusion d'optique, le fruit de la sensation et de l'imagination. La nécessité qu'on lui confère « est quelque chose qui existe dans l'esprit et non dans les causes » (T.N.H). Mais Hume va plus loin. Selon lui, la constatation que l'origine de la croyance en la réalité et la vérité du lien causal n'est que psychologique remet en cause toute la valeur de notre savoir. Cette constatation ruine la validité du raisonnement expérimental qui se fonde sur ce principe de causalité, mais surtout sur les affirmations dogmatiques de la métaphysique et de la théologie, qui s'appuient sur ce principe pour expliquer l'origine de l'univers. « L'entendement se détruit complètement lui-même et ne laisse pas le moindre degré d'évidence à aucune proposition de la philosophie et de la vie courante » (T.N.H). Hume en vient même à douter de la réalité de l'unité et de la permanence de notre moi. Il n'existe en fait que la discontinuité de nos états de conscience.

L'empirisme de Hume vire donc au scepticisme, ce qui explique le ton tragique d'une partie du *Traité de la nature humaine* : « Quand je tourne mes regards sur moi-même, je ne trouve que doute et ignorance… je suis effrayé et confondu de cette solitude désespérée où je me trouve placé dans ma philosophie ». Et encore : « Quand nous ramenons l'entendement humain à ses premiers principes, nous trouvons qu'il nous conduit à des sentiments qui semblent tourner en ridicule toutes nos peines, toute notre industrie passée et nous décourager de futures recherches » (T.N.H). La croyance est « une espèce d'instinct naturel » de notre être. Mais sur elle aucune connaissance stable ne peut être construite.

3) La religion

La conception que se fait Hume de la religion se rattache aux analyses précédentes. Son enquête comprend deux questions distinctes. La première, philosophique, étudiée dans les *Dialogues sur la religion naturelle* porte sur la validité des preuves concernant l'existence de Dieu. La seconde, psychologique, traitée dans l'*Essai sur l'histoire naturelle de la religion*, s'intéresse aux origines de la croyance religieuse.

À propos de la première question, Hume déclare nulle la prétention des philosophes à démontrer l'existence de Dieu et l'immortalité de l'âme, car elles reposent sur le principe de causalité qu'il a déconstruit. Quant à la seconde question, Hume constate que les motifs qui nous poussent à professer une croyance religieuse sont très divers.

Cependant la pensée de Hume sur la religion est complexe et sa critique plus nuancée qu'elle ni paraît au premier abord ; peut-être par prudence. Dans les *Dialogues*, le personnage de Pamphile raconte la conversation dont il a été témoin entre Cléanthe, son maître déiste, Philon, le sceptique et Déméa le mystique. À la fin du dialogue, Pamphile opine pour son maître déiste. Mais, il n'est pas toujours facile de savoir quel personnage représente Hume. Dans une lettre à un ami, Hume écrit : « Pour mon compte, je me réserverai bien le rôle de Philon que, vous le connaissez, je pourrai tenir avec assez de naturel ». Il est certain que Hume critique vertement le catholicisme basé sur les mortifications et prêché par des prêtres fanatiques. Mais Hume se plaît à brouiller les cartes : dans les *Dialogues*, Philon, qui semble incarner Hume, s'écrit : « Plaise au ciel d'alléger notre profonde ignorance en offrant à l'humanité quelques révélations particulières ». Paroles de prudence ou scepticisme d'attente !

IV – ACTUALISATION

L'analyse critique et psychologique que Hume fait de la religion rejoint ce que disent les historiens des religions.

L'assyriologue, Jean Bottero écrit : « Résolument polythéistes et anthropomorphistes, depuis la nuit des temps, les anciens mésopotamiens s'étaient sentis portés pour dissiper les innombrables secrets des choses de ce monde, à poser, comme derrière elles, autant de personnages imaginés sur leur propre patron, encore évidemment que bien au-dessus d'eux, telle une projection amplifiée d'eux-mêmes et dont chacun était censé expliquer le fonctionnement régulier et les aléas de la nature ». (Les plus vieilles religions, p. 101,102).

Les Dieux de religions anciennes avaient pour fonction sociale et politique d'exprimer et de justifier aux yeux du peuple la hiérarchie sociale, les institutions et le pouvoir politique. Le grand historien de la Grèce antique, J.P. Vernant, écrit : « Les théogonies et les cosmogonies grecques… racontaient l'émergence d'un monde ordonné. Mais, elles ont aussi, elles sont aussi autre chose : des mythes de souveraineté. Elles exaltent la puissance d'un dieu qui règne sur tout l'univers. L'établissement du pouvoir souverain et la fondation de l'ordre apparaissent comme deux aspects indissociables ». (Les origines de la pensée grecque, p.102-103).

Mais avec l'apparition des monothéismes : le Judaïsme, le Christianisme et l'Islam, la croyance et le sentiment religieux ont connu une sorte de révolution par le haut. Il ne s'agit plus d'un Dieu cosmique et fondateur de l'ordre politique, mais d'un Dieu personnel et transcendant qui, par le biais d'une Révélation, se penche vers les hommes pour leur parler de leur destin, de leur vocation, pour leur proposer une alliance. Il permet à l'homme de donner sens et signification à son existence. C'est le Dieu d'Abraham et de Moïse qui veille sur le peuple juif; c'est le Dieu de Jésus Christ, témoin d'une « Bonne Nouvelle » ; c'est le Dieu de Mahomet qui promet les bienfaits eschatologiques. La religion change de statut ; elle propose aux hommes de les « relier » plus intimement à Dieu et de les relier les uns aux autres dans la justice et l'amour. On peut en conclure que l'avènement des monothéismes correspond à un affinement de l'attitude religieuse.

Cependant, les grands monothéismes ont été très vite récupérés par le pouvoir politique, en particulier le Christianisme avec la conversion de l'empereur Constantin (270/288-337) et la conquête arabe pour l'Islam. Et très vite, oubliant le message premier de justice et d'amour, ils ont donné naissance à de tragiques guerres de religion qui renaissent aujourd'hui.

Notons que ces dérives d'intolérance sont, en quelque sorte, inscrites dans la nature même des monothéismes. Qui dit un seul Dieu dit que tous les hommes doivent le suivre. Dérive interne qu'analyse l'historien des religions Elie Barnavi dans son ouvrage Les religions meurtrières, «Toute religion dresse une série de murailles entre deux entités changeantes, mais toujours soigneusement définies : « nous » et les « autres », entre ses fidèles et le monde extérieur des infidèles ; et, au sein des monothéismes, entre orthodoxes et hérétiques ou encore entre orthodoxes et sectaires ». (p. 28-29).

Il n'est donc pas étonnant que, lorsque la pensée humaine commence à devenir autonome et à se laïciser, de nombreux philosophes aient travaillé à critiquer et à déconstruire l'attitude religieuse. Au XVIIIe siècle, les Encyclopédistes et Voltaire s'écrient : « Écrasons l'infâme ! ». Mais c'est au XIXe siècle que la déconstruction des religions se fait raisonnée et argumentée. Pour Feuerbach, (1775-1833) qui influencera Marx, la religion n'est qu'une illusion au mieux une dépossession de soi. Le fidèle projette, réalise, objective en Dieu les meilleures qualités de l'homme qu'il n'ose pas attribuer à l'homme. Dans son ouvrage : *L'essence du Christianisme*, il écrit : « Tu crois en l'amour comme une qualité divine, parce que toi-même tu aimes, tu crois que Dieu est sage et bon parce que tu ne connais rien de meilleur en toi que la bonté et l'entendement. L'homme se dépouille de ses propres qualités pour les objectiver en Dieu. Pour enrichir Dieu, l'homme doit s'appauvrir : pour que Dieu soit tout, il faut que l'homme soit rien. » Pour Marx (1818-1893), la religion n'est qu'une « super-structure», un reflet de l'infrastructure socio-économique qui écrase le travailleur. Elle est pour Marx, le type même de l'aliénation. Quant à Freud (1856-1939), la religion est une régression névrotique qui naît du besoin d'être protégé ; elle est le substitut du père. À ces trois critiques, il faut ajouter celle de Nietzsche (1844-1900) qui proclame la mort de Dieu et discrédite la morale d'origine religieuse, celle des faibles et des souffreteux.

Que conclure de ces différentes analyses. On ne peut nier que l'attitude religieuse soit consubstantielle à l'homme. Mais ses manifestations varient selon les époques. Le XIXe siècle et le XXe siècle, qui se sont libérés des religions classiques, ont inventé des religions politiques : celle de la nation, celle du parti, croyances responsables d'immenses hécatombes. Notre XXIe siècle postmoderne, relativise et nihiliste, consumériste et hédoniste, a fait de l'individu, de l'ego un dieu. Mais un dieu qui laisse les hommes insatisfaits et désemparés. Ainsi n'est-il pas étonnant qu'on assiste aujourd'hui à un retour du sentiment religieux, sous des formes inédites : un Dieu immanent identifié à la nature, ou plus problématique : le Dieu sectaire des dérives intégristes. C'est le sujet d'étude du livre de F.Lenoir : *Les métamorphoses de Dieu.*

CONCLUSION

David Hume est un écrivain qui a brillé dans bien des genres : essayiste, historien, économiste. Il doit à ses écrits philosophiques d'être un esprit des plus aiguisé de son temps. Il a préparé la pensée critique des Encyclopédistes. Et il est celui qui, aux dires même de Kant, l'a réveillé de son sommeil dogmatique. Il a inspiré le criticisme kantien.

3e partie
LA PHILOSOPHIE DES LUMIÈRES FRANÇAISES

• Les philosophes sensualistes
La Mettrie
Condillac
Helvétius
d'Holbach

• Les Encyclopédistes
Montesquieu
Voltaire
Diderot
Condorcet

• Rousseau

Chapitre 9
Les Philosophes sensualistes
Les Encyclopédistes
Montesquieu, Voltaire, Diderot, Condorcet

INTRODUCTION

Le siècle des Lumières se caractérise par l'engouement pour les idées nouvelles et la confrontation des opinions. Dans les salons, les clubs, les cafés, on reçoit les savants, les artistes, les hommes de lettres et les « philosophes », les premiers « intellectuels » qui affûtent et comparent leurs pensées et leurs arguments. Tous ces penseurs remettent en cause l'ordre ancien, critiquent les systèmes philosophiques précédents, le dogmatisme religieux et l'absolutisme royal, en faisant appel à l'observation, à l'expérimentation, à la raison. En cela, ils sont les héritiers du rationalisme cartésien et de l'empirisme anglais. Pour ce qui concerne la religion, ils veulent, comme Spinoza, soumettre à la critique historique et littéraire les Écritures. Ils entendent œuvrer à l'émergence d'un esprit nouveau, d'une nouvelle conception de l'homme, de la société et de la politique. Ce nouvel esprit se manifeste particulièrement dans la parution des 35 volumes de l'*Encyclopédie* qui paraissent de 1751 à 1772.

I – LE CONTEXTE

Le XVIIe siècle a été une époque d'ordre et de stabilité. L'autorité royale et religieuse y est respectée, la pensée est encadrée et s'affirme avec retenue, les arts suivent les règles établies, les mœurs gardent une certaine modération de bon ton. Tout au contraire, le XVIIIe siècle est un temps de changement et de rupture. L'autorité royale et religieuse sont contestées, la pensée se fait libre et critique, de nouvelles conceptions artistiques voient le jour.

Sous la Régence (1715-1723), le pouvoir royal souffre de la médiocrité des ministres qui se succèdent sans tenter les réformes nécessaires. Le financier Law s'y essaye, mais échoue devant l'obstination des privilégiés, ce qui aggrave la crise financière. Sous Louis XV (1715-1774), l'influence des favorites discrédite le pouvoir royal mal conseillé. La guerre de « Sept Ans » (1756-1763) est désastreuse pour la France qui perd le Canada et la Louisiane. Sous Louis XVI (1774-1791), Calonne et Brienne tentent de profondes réformes qui échouent en raison des fortes oppositions rencontrées. À l'occasion de la guerre d'Amérique, des idées nouvelles comme celles de liberté et de république se répandent. Mais la guerre coûte cher ; les finances en souffrent. S'y ajoute une série de mauvaises récoltes. Le roi doit convoquer les Etats Généraux en 1789 et le pays va basculer dans la Révolution, préparée dans les esprits par les philosophes.

II - L'ENCYCLOPÉDIE

Plus de 150 penseurs dont Voltaire, Montesquieu, d'Alembert, Condorcet vont participer à la rédaction des 35 volumes de l' Encyclopédie, sous la direction de Diderot. Les auteurs de cet immense ouvrage, les « Encyclopédistes », veulent faire une œuvre de vulgarisation en rendant manifestes les progrès humains dans le domaine des savoirs et des techniques. Mais ils poursuivent un but plus profond : abattre les préjugés, secouer les traditions, faire triompher la raison. En matière religieuse, ils combattent pour la tolérance, le droit de croire ou de ne pas croire. En matière politique, un arrêt judiciaire de 1752 les accuse « d'insérer plusieurs maximes tendant à détruire l'autorité royale, à établir l'esprit d'indépendance et de révolte ». Les encyclopédistes croient en la bonté naturelle de l'homme et de ses passions. Avec eux, naît l'idée nouvelle que l'homme a son destin sur la terre et qu'il peut y trouver le bonheur. Ces Encyclopédistes vont être le fer de lance de la Philosophie des Lumières.

III – LES PHILOSOPHES SENSUALISTES

Parmi les philosophes des Lumières, on peut distinguer deux groupes : celui des « Sensualistes » et celui des

« Encyclopédistes ». Tous vont préparer les esprits à l'avènement de la Révolution

Les penseurs dits « sensualistes » avancent, à la suite des philosophes anglais, que toutes les connaissances proviennent uniquement de l'expérience sensible ; l'esprit n'étant qu'une « table rase », un simple produit de l'organisation de la matière. De plus, ils sont en général athées. La Mettrie (1709-1751) est un médecin qui dans son livre : *L'homme machine* où il reprend la théorie des « animaux machine » de Descartes, demande que l'homme soit étudié expérimentalement d'une manière empirique et concrète. Condillac (1714-1780), le véritable chef de l'école sensualiste, introduit en France les idées de Locke. Dans son livre : le *Traité des systèmes* il critique le dualisme cartésien séparant l'esprit de la matière, la substance divine de Spinoza et l'harmonie préétablie de Leibniz. Dans un autre ouvrage : le *Traité des sensations* il explique comment les différentes facultés psychiques se réduisent à la transformation et à l'organisation des seules sensations. Et il illustre sa pensée en imagination une statue qui s'éveille progressivement à la vie à partir des sensations qui naissent en elle, en particulier celles venant de l'odorat.

Pour Helvétius (1715-1771), la morale doit se construire à partir de l'utilisation rationnelle des intérêts et des passions ; elle ne doit rien à de prétendus principes éternels. Déiste, il croit en l'existence d'une force animant la nature. Il ne voit dans la religion que le moyen de maintenir les hommes dans l'ignorance et la sujétion. Quant à d'Holbach (1723-1789), sa vision de l'homme est purement matérialiste et fataliste. La conscience humaine n'est que le résultat du milieu et de l'éducation. L'homme n'est pas libre, son comportement est déterminé par l'intérêt et le sentiment.

IV – LES ENCYCLOPÉDISTES

1) Montesquieu

Conseiller puis Président du Parlement de Guyenne, Montesquieu (1689-1755) se consacre à l'écriture. En 1721, paraissent à Amsterdam, les *Lettres Persanes* qui brossent, à la façon de La Bruyère, des scènes de la vie parisienne à travers lesquelles l'auteur peint les préjugés et les ridicules de son temps, à la manière d'un sociologue. De retour d'un voyage en Europe, Montesquieu se retire dans son château de la Brède, comme le fit avant lui Montaigne, pour préparer sa grande œuvre : *L'esprit des Lois* (1748) qui se veut une sorte de science des lois. Pour l'auteur, les lois ne sont pas d'origine divine, ni une véritable création des législateurs. Elles sont des « rapports nécessaires qui dérivent de la nature des choses » c'est-à-dire du climat, du commerce, des mœurs. Dans son livre, Montesquieu cherche à dépasser la diversité et la multiplicité des lois pour atteindre un ordre général et nécessaire pour l'institution de bonnes lois. Il écrit : « J'ai posé les principes et j'ai vu les cas particuliers s'y plier comme d'eux-mêmes, les histoires de toutes les nations n'en être que les suites et chaque loi particulière liée avec une autre ou dépendre d'une plus générale… Je n'ai point tiré mes principes de mes préjugés, mais de la nature des choses ».

Montesquieu distingue trois formes de gouvernement : le républicain, fondé sur la vertu, le monarchique construit sur l'honneur et le despotique qui fait appel à la crainte. Il développe la célèbre théorie des trois pouvoirs : exécutif, législatif et judiciaire. Il milite pour sauvegarder les pouvoirs intermédiaires : le clergé, la noblesse et le Parlement, afin d'équilibrer le pouvoir royal. Confiant en la raison humaine et en la science, il pense possible le progrès et le bonheur. Avec Rousseau, il est le penseur le plus profond du XVIIIe siècle.

2) Voltaire

À propos de Voltaire (1694-1778), l'historien israélien Shlomo Sand écrit : « Il n'est pas difficile de voir en Voltaire le représentant par excellence de l'optimisme des Lumières, au milieu du XVIIIe siècle. Le philosophe reçu à la cour des rois, qui maîtrise le verbe et y voit la source de salut, qui déteste les préjugés et l'étroitesse d'esprit », (La fin de l'intellectuel français de Zola à Houellebecq, p.84). Sa vie est multiforme et son aura protéiforme. Sa pensée philosophique court à travers toute son œuvre, mais principalement à travers ses Lettres philosophiques, *Zadig, Micromégas, le Traité sur la tolérance, le Diction*naire philosophique et Candide.

Les Lettres philosophiques ou Lettres anglaises sont un hymne à la liberté politique découverte en Angleterre, une critique acerbe de l'absolutisme politique et du dogmatisme religieux. *Zadig, ou Celui qui dit la vérité,* représente Voltaire dénonçant l'inconstance des rois, l'avidité des courtisans, le fanatisme des prêtres et la corruption des juges. Dans le *Dictionnaire philosophique*, il pourfend la vanité des grandes constructions métaphysiques. Il y écrit : « J'avoue que mille atomes de métaphysique ne nous renseignent pas sur ce qu'est notre âme… Concluons que nous devons employer notre intelligence, dont la nature nous est connue, à perfectionner les sciences qui sont l'objet de l'Encyclopédie ». Avec *Candide ou l'optimiste* il réplique à Rousseau et s'en prend à l'optimisme de Leibniz pour qui le mal est une illusion. Voltaire y accumule les évènements où le mal déferle sur le monde, en particulier il y fait allusion au terrible tremblement de terre de Lisbonne de 1755 qui fit plusieurs dizaines de milliers de morts. Aussi le personnage de Candide perd-il toutes les illusions de son ami Pangloss. Et il en vient à adopter une morale pratique et réaliste : « Cultiver son jardin ». Dans son *Traité de la tolérance*, Voltaire évoque l'affaire Callas, ce gentilhomme mis à mort pour ne pas s'être découvert devant l'ostension le Saint Sacrement lors d'une procession religieuse. Et dans son *Dictionnaire philosophique* il critique entre autres, la superstition et le fanatisme.

La pensée de Voltaire, tout au long de son œuvre, se déploie selon trois grands axes : la critique de l'arbitraire royal contre lequel il préconise le régime constitutionnel anglais, la lutte contre le dogmatisme religieux des religions révélées auxquelles il préfère un déisme rationnel, celui du « grand horloger » et la déconstruction de la morale spiritualité qu'il veut remplacer par une morale naturelle. Voltaire a beaucoup détruit par son ironie acerbe ; il n'a pas toujours reconstruit. Il reste de lui un art de vivre, une solide confiance en la raison et la volonté d'user, en toutes circonstances, de son jugement. .

3) Diderot (1713-1784)

Après de solides études, Diderot mène une vie de bohème qui lui permet d'assouvir sa soif de culture et de s'essayer à plusieurs formes d'écriture. En 1746, le libraire Le Breton lui confie la direction de la rédaction de l'*Encyclopédie.* Pendant 20 ans, il rédige des articles, corrige ceux de collaborateurs ; voulant « servir l'humanité » par ce travail. En 1749, il publie la *lettre aux Aveugles à l'usage de ceux qui voient*, ce qui lui vaut d'être emprisonné à Vincennes où Rousseau vient le visiter. Dans ce livre, Diderot développe un sensualisme qui confine au matérialisme : notre morale, nos idées, nos représentations du monde dépendent de l'état de nos organes et sont donc relatives. Il est quasiment impossible pour un aveugle de croire en Dieu et ses conceptions morales sont le reflet de son infirmité : « Je me mis à questionner notre aveugle sur les vices et les vertus. Je m'aperçus d'abord qu'il avait une aversion prodigieuse pour le vol ; elle naissait en lui de deux causes : de la facilité qu'on avait de le voler sans qu'il s'en aperçût et plus encore, peut-être, de celle qu'on avait de l'apercevoir quand il volait... Il ne faisait pas grand cas de la pudeur : sans les injures de l'air dont les vêtements le garantissaient, il n'en comprenait pas bien l'usage ».

Diderot s'oriente alors vers le théâtre créant le type du drame bourgeois, entre la comédie et la tragédie. Il met en scène : *Le fils naturel ou les épreuves de la vertu* et *le Père de famille.* Ayant rédigé pour l'*Encyclopédie* un article sur le beau, il fréquente des artistes comme Vernet et Greuze ; il visite les expositions et rédige Les Salons. Après les pièces de théâtre *La Religieuse* et le *Neveau de Rameau*, il revient à la philosophie *avec l'Entretien entre d'Alembert et Diderot, Le rêve de d'Alembert, la Suite de l'Entretien.* Dans ces ouvrages, Diderot refuse le dualisme cartésien au profit de la seule matière ; matière douée d'une sensibilité active qui lui permet de se complexifier et de s'organiser du minéral à l'homme. Ce dernier n'est en rien un être original : son comportement est soumis au déterminisme universel et s'explique simplement par le mécanisme du groupement de molécules pour former des « faisceaux de brins et de fils ».

Diderot évolue vers un matérialisme de plus en plus prononcé. Dans le *Rêve de d'Alembert*, il écrit : « Mettez à la place de Dieu une matière sensible en puissance d'abord, puis en acte, et vous avez tout ce qui s'est produit dans l'univers depuis la pierre jusqu'à l'homme ». Pour lui, tous les êtres présentent une communauté de nature. Toute la réflexion philosophique de Diderot est une réflexion sur la nature de l'homme et le sens de son destin. Il veut acquérir un savoir scientifique de l'homme pour fonder une morale positive.

4) Condorcet

Condorcet (1743-1794) est un mathématicien et un économiste qui a travaillé sur les statistiques et les probabilités et qui fut secrétaire de l'Académie française. Homme politique de premier plan, il a été Inspecteur général de la monnaie et a travaillé avec Turgot physiocrate et ministre partisan de la liberté de l'industrie et du commerce. Adepte enthousiaste de la Révolution, il a participé à de nombreuses commissions, dont celle du système métrique. Député girondin, il présente une réforme de l'enseignement. Emprisonné, il meurt dans sa cellule. Dans son grand ouvrage : *Esquisse d'un tableau historique des progrès humains* , il définit neuf périodes dans le combat que livre la raison contre l'ignorance et les préjugés. La dernière période, commencée par les Lumières, sera celle « des progrès futurs » et de la « perfectibilité » indéfinie de l'homme. Sa pensée philosophique et son idéal se résument, comme pour les Encyclopédistes et les philosophes des Lumières, dans la confiance en la raison et en l'humanité, grâce à l'instruction et au développement des sciences.

V – ACTUALISATION

Il n'est pas inutile de se poser la question suivante : qui aujourd'hui sont les Encyclopédistes et les Philosophes des Lumières de notre monde postmoderne, de notre XXIe siècle? Qui sont ceux qui comme leurs devanciers, osent penser à contre-courant, travaillent à des idées novatrices et révolutionnaires sur l'homme, sur sa destinée, sa place dans le monde ? Qui sont ceux qui, rompant avec le consensus ambiant, préparent l'avenir ? Et qui de ce fait font peur aux politiques, scandalisent les moralistes et les tenants de l'ordre établi?

Aujourd'hui, se réclament de l'esprit des Lumières les leaders des GAFA : Google, Amazon, Facebook, Apple et leurs homologues chinois ; et plus encore les turiféraires du Transhumanisme travaillant à la convergence des N.B.I.C. : des nanotechnologies, de la biotechnologie, de l'informatique et des sciences. Ils militent pour le changement de modèle, de paradigme de l'homme. Ils nous annoncent l'arrivée du « Cyborg » mi-homme mi-robot, la possibilité de mettre directement notre intelligence et notre pensée en réseaux avec les ordinateurs les plus puissants, le remplacement des organes défaillants par des artéfacts, l'allongement de la vie, et même l'immortalité ou du moins l'amortalité. Ils n'ont de cesse que de travailler à l'avènement d'un homme nouveau posthumain, transhumain débarrassé des limites de son corps, un homme « augmenté » de prothèses technologiques.

Comme leurs devanciers, leurs détracteurs, sont nombreux. Les politiques qui voient leur pouvoir contesté par des entités monopolistiques internationales aux budgets faramineux. Les « bioconservateurs » qui n'acceptent pas qu'on touche à la nature humaine. Les religieux qui voient d'un mauvais œil la montée d'une nouvelle religion laïque mettant en danger leurs dogmes et remplaçant l'Apocalypse par la « Singularité » technologique. Certes, le transhumanisme pose de nombreuses questions : l'inféodation à une forme de capitalisme dérégulé, le danger de voir s'établir une humanité à deux vitesses. Mais surtout la remise en question imprudente, et qui témoigne d'une culture superficielle, de certains caractères humains qui sont consubstantiels à l'homme et qui font sa fragilité, mais aussi sa grandeur : sa facticité et sa contingence, mais aussi sa liberté et sa personnalité. A moins que le transhumanisme soit, comme le dit Paul Jorion la « ruse de la Raison », un moyen pour lutter contre l'extinction de la race humaine si elle continue à détruire la planète. (Défense et illustration du genre humain, p.133).

CONCLUSION

Les Encyclopédistes et les Philosophes des Lumières attestent de la révolte de la raison humaine contre le dogmatisme et le despotisme des constructions métaphysiques d'origine religieuse et politique. S'inspirant de la méthode expérimentale utilisée par Newton en physique, ils s'emploient à étudier l'esprit humain dans ses différentes activités en partant des faits et de l'expérience pour remonter à des lois naturelles. Ils entendent soumettre à la critique rationnelle l'acquis des coutumes, des traditions et le poids des institutions. Ce faisant, ils inventent la figure et le rôle de l' « intellectuel » qui éclaire et guide l'opinion publique et la société civile. Ils créent ainsi une nouvelle vision de l'homme et du monde.

Chapitre 10
Rousseau (1712-1778)

INTRODUCTION

« C'est le valet de pique des Lumières, le pouilleux magnifique qui vient assombrir l'idée de progrès et de libération par la raison ; le « Judas de la troupe sacrée dira Voltaire une fois la rupture consommée. C'est l'anomalie venue de Suisse qui annonce les temps de violences crépusculaires et les larmes romantiques, en plein ultime menuet de la société de cour », ainsi Aude Lancelin décrit-elle Rousseau.

Rousseau est l'homme des contradictions. Il est moderne en tant que théoricien de la démocratie et ses idées sur l'éducation ont fortement influencé la pédagogie moderne. Mais, en même temps, il est un contempteur farouche de la raison et de la civilisation. Avec Voltaire, il forme le couple indissociable, mais dialectique des Lumières françaises.

I – LE CONTEXTE

Rousseau est l'enfant de son siècle. Il subit l'influence des Encyclopédistes. Il réagit violemment à la pensée de Voltaire.

II – BIOGRAPHIE

Jean Jacques Rousseau naît en 1712 à Genève ; il perd sa mère à sa naissance. Abandonné par son père à huit ans, il est livré à lui-même ; il lit des romans qui éveillent son caractère romanesque. Confié à un pasteur puis à sa tante, il travaille bientôt chez un greffier puis un graveur. Un soir de l'été 1728, trouvant closes les portes de la ville, il part vers la France. Commence alors une vie vagabonde ponctuée de nombreux domiciles dont les Charmettes chez Mme de Warens qui le prend pour amant. À son contact, il lit, étudie la musique et affine sa sensibilité. Mais bientôt délaissé par sa protectrice, il tente sa chance à Paris où il présente sans succès à l'Académie un nouveau système de notation musicale.

Reçu dans les salons, il fait la connaissance de Diderot, Voltaire, Marivaux, Grimm. Timide et maladroit, il souffre dans ce monde artificiel des salons de nombreuses blessures d'amour propre. Sa liaison avec Thérèse Levasseur simple servante, ne rehausse pas sa position et il ne se sent pas fait pour la vie frivole et sophistiquée dont Voltaire raffole. Mais en 1750, il accède à la gloire tant recherchée. Il gagne le 1er prix de l'Académie de Dijon avec son *Discours sur les sciences et les Arts*, qui répond à la question posée : « Si le rétablissement des sciences et des arts a contribué à épurer les mœurs ? ». À cette question, Rousseau répond par la négative ; pour lui, la civilisation met fin au bonheur de l'homme primitif. Dans son *Discours*, il accumule les preuves historiques de sa thèse :« Socrate avait commencé dans Athènes, le vieux Caton continue dans Rome de se déchaîner contre les Grecs artificieux et subtils qui séduisaient la vertu et amollissaient le courage de ses citoyens. Rome se remplit de philosophes et d'orateurs, on néglige la discipline militaire, on méprise l'agriculture ». Pour Rousseau, la vertu ne s'acquiert pas ; ses principes sont gravés dans tous les cœurs. Ne suffit-il pas pour apprendre les lois de rentrer en soi-même et d'écouter la voix de la conscience dans le silence des passions ? D'emblée, Rousseau se positionne à contre-courant de l'esprit des Lumières.

Sa soudaine célébrité est confirmée par la parution, en 1755, du *Discours sur l'origine des inégalités*. Dans la suite du premier *Discours*, Rousseau avance que c'est la vie sociale qui est à l'origine des inégalités. Et pour défendre sa thèse, il a recours à une fiction historique qui dépeint l'homme à l'état de nature : isolé, indépendant, ne cherchant pas à se comparer aux autres, robuste et en bonne santé, « se rassasiant sous un chêne, se désaltérant au premier ruisseau, trouvant son lit au pied d'un chêne qui lui a fourni son repas ». Pour Rousseau, la cause principale des inégalités est l'institution de la propriété. « Le premier qui ayant enclos un terrain s'avisa de dire « ceci est à moi »… fut le vrai fondateur de la société civile. Que de crimes, de guerres, de meurtres, que de misères et d'horreurs n'eût point épargnés au genre humain celui qui, arrachant les pieux,… eût crié : « gardez-vous d'écouter cet imposteur ; vous êtes perdus si vous oubliez que les fruits sont à tous, et que la terre n'est à personne ». Ce second *Discours* ne fait qu'aggraver ses différends avec les défenseurs des Lumières.

D'autant plus que Rousseau ne sait pas gérer sa gloire naissante. Il se réfugie un temps à l'Ermitage chez Mme d'Epinay, puis à Montmorency chez la maréchale de Luxembourg. Sa publication en 1758 de sa *Lettre à d'Alembert* provoque la rupture définitive avec ses contemporains. La critique du théâtre qu'elle contient irrite Voltaire. Dans le calme de Montmorency, soutenu par la Maréchale de Luxembourg, il publie en quinze mois les trois œuvres importantes qu'il avait mises en chantier. *La nouvelle Héloïse* paraît en 1761, roman par lettres de deux amants, c'est un hymne à l'amour où Rousseau, jouissant des beautés de la nature, épanche sa sensibilité amoureuse. Il y exalte les bienfaits du retour à la nature. Mais ses préoccupations philosophiques ne sont pas absentes : dans la deuxième partie il décrit les désordres des grandes villes. Et à travers le personnage de Julie, on trouve une longue profession de foi religieuse : « O. Dieu de paix, Dieu de bonté, c'est toi que j'adore ; c'est de toi, je le sens, dont je suis l'ouvrage ; et j'espère te retrouver au dernier jugement tel que tu parles à mon cœur durant ma vie ».

En 1762, paraissent les deux grandes œuvres de Rousseau : Émile ou De l'éducation et Le *Contrat Social*, à propos desquels L. Ferry écrit : « Ces deux derniers ouvrages jettent les fondements philosophiques de la démocratie et de l'éducation moderne. Ils décrivent ce qui pourrait être, ou s'il est trop tard, ce qui aurait pu être un monde meilleur. Ce en quoi, bien qu'opposé aux Lumières, Rousseau esquisse une philosophie de l'avenir qui inspira pour une large part la pensée révolutionnaire ». (Sagesse d'hier et d'aujourd'hui. fasc.10, p.69).

Mais *Émile* puis la *Profession du vicaire savoyard* dans laquelle s'affirme le besoin irréductible de croire chez Rousseau, sont condamnés par le Parlement, l'Eglise et le consistoire de Genève qui condamne en plus *Le Contrat Social*. Persécuté par les autorités religieuses et les mesquineries de ses anciens amis, Rousseau se réfugie à Yverdon puis à Môtiers dans le Val de Travers. Il y travaille à sa défense dans les *Lettres de la Montagne* et dans *Les Confessions* qui paraissent entre 1765 et 1770. Dans ces deux ouvrages Rousseau mêle des sentiments privés et des débats d'idées en prétendant se raconter avec une sincérité totale. « Je veux montrer à mes semblables un homme dans toute la vérité de sa nature ; et cet homme sera moi... J'ai dit le bien et le mal avec la même franchise... et je me suis montré tel que je fus ».

Un temps réfugié en Angleterre chez Hume, poursuivi par les écrits de Voltaire, il est assailli d'angoisses et sombre dans une sorte de délire. Revenu à Paris, il vit chichement avec Thérèse en copiant de la musique. Se réfugiant en lui-même pour trouver la paix, il rédige *Les Rêveries d'un promeneur solitaire*, (1776-1778) pour sa satisfaction personnelle. Il accepte l'hospitalité de Mme de Girardin au château d'Ermenonville. C'est là qu'il décède en 1778, enterré dans l'Ile des Peupliers.

III – LA PENSÉE DE ROUSSEAU

1) La pensée politique : le « Contrat Social »

Rousseau comme Locke, a été marqué par la pensée de Hobbes. Mais à la différence de celui-ci pour qui le but du contrat est la préservation de la vie, pour Rousseau le contrat social instituant l'état civil est au service de la préservation de la liberté. L'instauration de l'état civil répond donc à une équation difficile à résoudre : « Trouver une forme d'association qui défende et protège de toute la force commune la personne et les biens de chaque associé et par laquelle chacun, s'unissant à tous, n'obéisse pourtant qu'à lui-même et reste aussi libre qu'auparavant ». Pour Rousseau, la solution à ce problème réside dans la création d'une réalité intermédiaire : « la Volonté générale ». Celle-ci est celle de tous les citoyens réunis en vue du bien commun, indépendamment des intérêts et des passions particuliers. En tant que Volonté générale au service du bien commun, elle exprime la voix de la conscience ; elle est donc juste et droite.

Cette Volonté s'exprime dans les lois qui sont les « actes » de la Volonté générale. Quand le peuple vote une loi, il est à la fois actif et passif. Actif, car il est à l'origine de cette loi, passif parce qu’il s’y soumet. En obéissant à la loi, il obéit donc à lui-même. D’où cette célèbre définition de la liberté : « La liberté, c’est obéir à la loi qu’on s’est prescrite ». Ainsi, les lois exprimant la Volonté générale mettent chaque citoyen à l’abri des passions et des intérêts d’autrui. Pour Rousseau, la liberté « consiste moins à faire sa volonté qu’à n’être pas soumis à celle d’autrui ». Grâce à la Volonté générale, se construit l’association de l’état civil qui protège chaque citoyen, tout en les laissant aussi libres qu’auparavant. « Enfin, chacun se donnant à tous ne se donne à personne ; et comme il n'y a pas un associé sur lequel on n'acquiert le même droit qu'on lui cède sur soi, on gagne l'équivalent de tout ce qu'on perd, et plus de force pour conserver ce qu'on a ». Ainsi est résolue l’équation posée.

Ce qui vaut pour un individu vaut pour un peuple. Un peuple qui perd sa liberté perd sa qualité de peuple. « Si le peuple promet simplement d’obéir, il se dissout par cet acte ; il perd sa qualité de peuple ; à l’instant qu’il a un maître, il n’y a plus de souverain et dès lors le corps politique est perdu ». Ce qui explique que, dans un premier temps de sa réflexion, Rousseau milite pour la démocratie directe. Car confier la représentation à des députés serait confier la Volonté générale à des volontés particulières et donc la détruire.

En accédant à l’état civil, le citoyen protège sa vie tout en garantissant sa liberté. Mais le gain est encore plus important ; Rousseau croit en la perfectibilité de l’homme qui le distingue de l’animal soumis au déterminisme de sa nature. En accédant à l’état civil, l’homme passe de l’état de nature et de l’indépendance physique, à l’indépendance morale qui le rend maître de lui. Il s’agit pour Rousseau d’une véritable métamorphose. Dans l’état de nature, l’homme n’est qu’ « un animal borné à la pure sensation », ne connaissant ni le bien ni le mal. En accédant à l’état civil, l’indépendance physique se transforme et se valorise en indépendance morale et civique. Il accède à la parole, à la connaissance des valeurs morales. Il faut citer ici un texte de l’Émile qui décrit cette transformation. « O. Émile ! Où est l’homme de bien qui ne doit rien à son pays ? Quel qu’il soit, il lui doit ce qu’il a de plus précieux, la moralité de ses actions et l’amour de la vertu. Né dans le fond d’un bois, il eût vécu plus heureux et plus libre ; mais n'ayant rien à combattre pour suivre ses penchants, il eût été sans mérite, il n'eut point été vertueux, et maintenant il sait l'être malgré ses passions ».

Pour Rousseau, nous devenons homme en devenant citoyen. En cela, il retrouve l'intuition des philosophes grecs pour qui morale et politique vont de pair : sans moralité il n'y a pas d'Etat et sans l'Etat, il n'y a pas de moralité. Plus généralement, Rousseau est bien le père de la réflexion sur la démocratie moderne. En même temps il invente, avant la lettre la sociologie ; ce que reconnaît Emile Durkheim (1858-1917) créateur de la sociologie scientifique. Et la pensée politique de Rousseau n'est pas indépendante de sa pensée pédagogique. C'est par l'éducation dans le cadre de la cité que l'homme se perfectionne et développe ses facultés.

2) La pensée pédagogique : l'Émile

Rousseau se pose la question pédagogique suivante : comment façonner des hommes vraiment libres dont ne saurait se passer une véritable république instituée p*ar le contrat social.* Pour répondre à cette question, Rousseau rédige *l'Émile ou De l'éducation.* Il a mûri sa réflexion progressivement, l'a expérimentée en tant que précepteur chez M. de Mably, l'a enrichie par la lecture de Montaigne, de Locke et d'ouvrages pédagogiques contemporains. Il veut réagir contre la routine et les insuffisances de la pédagogie traditionnelle.

Sa pensée pédagogique est dans la droite ligne de sa critique de la civilisation. L'*Émile* s'ouvre ainsi : « Tout est bien sortant des mains de l'Auteur des choses, tout dégénère entre les mains de l'homme ». Il convient donc de protéger l'enfant contre les effets délétères de la civilisation et de la ville. L'éducation se fera donc à la campagne loin de la société, de la famille, des livres. Elle se fera en se fiant à la liberté de l'enfant, à ses expériences de façon concrète et pratique. Elle ne devra pas être une éducation intellectuelle, mais celle du jugement et du cœur. « Le but que l'on se proposera dans l'éducation d'un jeune homme, c'est lui former le cœur, le jugement et l'esprit ; et cela dans l'ordre que je montre ». On croirait entendre Montaigne.

Du temps de Rousseau, l'*Émile* eut un grand retentissement. Beaucoup de contemporains le mirent en pratique, en particulier dans les grandes familles. La pensée de Rousseau influencera les pédagogues modernes. Ce qui ne sera pas sans conséquences négatives car la pédagogie rousseauiste n'est crédible qu'un admettant la thèse de la bonté naturelle de l'enfant. Rousseau, lui-même, invitera à considérer son livre *comme Les rêveries d'un visionnaire.*

3) La pensée religieuse : la Profession du Vicaire Savoyard

La pensée religieuse de Rousseau est exposée dans *La Profession du vicaire savoyard*, mais aussi la *Nouvelle Héloïse* et dans le livre IV de *l'Émile.* Avant lui, d'autres écrivains et philosophes ont adhéré à la thèse de religion naturelle. Son originalité réside dans la conviction avec laquelle il défend son besoin de croire ; ce qui le brouillera définitivement avec les matérialistes de son époque. C'est à partir de l'analyse de la nature humaine et non d'une révélation surnaturelle que Rousseau développe sa conception de la religion. Il professe l'existence de l'Etre suprême, connu par « l'ordre sensible de la nature » et le « sentiment intérieur ». « J'aperçois Dieu partout dans ses œuvres, je le sens en moi, je le vois tout autour de moi ». Mais il se sent impuissant à connaître ce qu'il est. Il se contente alors du silence et de l'adoration. « Je m'humilie et je lui dis: Etre des êtres, je suis parce que tu es. Le plus digne usage de ma raison est de s'anéantir devant toi : c'est mon ravissement d'esprit, c'est les charmes de ma faiblesse de me sentir accablé de ta grandeur ».

Rousseau rejoint Voltaire cependant dans sa critique des religions révélées qui se résument en des cérémonials, « des dogmes contradictoires, source d'incertitude. Que d'hommes entre Dieu et moi ! Enfin, si une seule religion est vraie, que sont aux yeux du créateur tous les hommes qui n'ont pu la connaître ». Cependant, Rousseau ne suit pas Voltaire dans sa critique radicale des religions révélées. Il ne les tourne pas en ridicule ; elles sont toutes salutaires à partir du moment où leur culte est celui du cœur. Sans croire en la divinité du Christ, il admire l'homme pour sa vie et ses paroles.

IV – ACTUALISATION

Rousseau est l'un des principaux inspirateurs de la pédagogie moderne, celle des « pédagogistes » qui relativisent la transmission des savoirs et incitent le maître à se contenter de donner des « savoir-être » et des « savoir-faire ». Les résultats de cette pédagogie initiée par les disciples de Bourdieu, l'auteur des *Héritiers* apparaissent aujourd'hui désastreux. Les enfants et les jeunes n'ont plus les connaissances de base pour s'enrichir de la culture des siècles passés. Ils ne savent plus se situer dans le temps des différentes cultures et l'espace des différentes civilisations. Ils ne sont renvoyés qu'à leur propre moi vide et seul. Ils sont devenus, comme les appelle Xavier Bellamy, des « déshérités ». Dans son livre éponyme, Bellamy écrit : « La transmission, nous dit notre inconscient collectif, est une aliénation, parce qu'elle ôte à l'enfant la possibilité de construire tout seul ses propres références, de faire ses choix, d'adopter individuellement ses valeurs. Elle est une aliénation parce qu'en le soumettant à l'emprise d'une autorité qui se rêve créatrice, elle l'empêche d'être l'auteur de lui-même. Faute de l'avoir compris, nous répétaient les formateurs d'IUFM, l'école est restée un lieu d'oppression, un système militaro-hospitalo-carcéral, une structure qui tiendrait à la fois de la caserne, de l'hôpital et de la prison », (Les Déshérités, p.15). Au nom de cette hypothétique et idéologique libération, les enfants d'aujourd'hui sont livrés, sans rempart, sans structure, sans colonne vertébrale aux « pensées correctes », aux «fake-news» véhiculées par Internet, aux injonctions de la mode et de la consommation.

Heureusement, depuis peu, l'Éducation nationale entend corriger ces égarements et veut proposer à nos enfants un enseignement solide et structurant. Il était temps. « Il y a une urgence décisive, qui consiste à remplir le vide. Nous avons, et nous seuls, la responsabilité de ce choix : maintenant, il faut rompre avec les facilités de la déconstruction, renouer avec la transmission des savoirs, de la langue, de la parole et de l'écrit, de la science et de la culture, pour construire en chaque jeune une pensée consistante, libre et librement liée aux racines communes qui nous faut tenir ensemble » (Les Déshérités, p.218).

CONCLUSION

Rousseau est un idéaliste et un logicien. En idéaliste, il s'est moins soucié de tracer un programme concret d'amélioration de l'homme et de la société que de définir le caractère d'une société idéale pour un homme parfait. Il laisse à son lecteur, la mise en application pratique de cet idéal. C'est un logicien : toutes ses idées, aussi nombreuses soient-elles, tiennent en trois principes principaux : l'état naturel est supérieur à l'état social, mais il est impossible de revenir à l'état de nature, il faut donc instituer un ordre social le plus proche de cet état de nature.

4e partie
LA PHILOSOPHIE KANTIENNE

Kant et les post-kantiens : Fichte, Sahelling

Abréviations utilisées :

C.R.Pure : Critique de la Raison pure
C.R.Pratique : Critique de la Raison pratique
C.F.J. : Critique de la Faculté de juger

Chapitre 11
KANT (1724-1804)
et les post-kantiens : Fichte, Schelling.

INTRODUCTION

Kant, un des plus grands philosophes a été longtemps mal connu en France. En partie en raison de la technicité de son œuvre. Et pourtant sa pensée se résume en l'examen de trois questions : « Que puis-je savoir ? Que dois-je faire ? Que m'est-il permis d'espérer ? Trois questions qui importent le plus à tout homme. Kant est le grand philosophe des Lumières allemandes, l'« Anfklärung ». Il appelle chacun d'entre nous à se montrer digne de sa raison : « Sapere aude » : ose te servir de ton entendement. Rompant aussi avec le dogmatisme rationaliste, il institue une pensée critique qui analyse les pouvoirs et les limites de la raison humaine.

I – LE CONTEXTE

Pour bien saisir le mouvement de la pensée kantienne, il importe de connaître la situation de l'Allemagne au XVIII siècle, le climat intellectuel de ce siècle. Mais aussi de faire référence au grand savant Newton qu'admire Kant, ainsi qu'à l'influence de Hume (1711-1776) et de Rousseau (1712-1778), sans oublier l'atmosphère piétiste dans laquelle il a été éduqué dans sa jeunesse.

Au XVIII siècle, l'Allemagne connaît un renouveau sous l'impulsion de la naissance d'un sentiment national libéral et du développement de l'esprit de l'Aufklärung. Frédéric II, roi de Prusse, qui règne de 1740 à 1786, réussit, malgré les ravages de la guerre de Trente Ans (1618-1648), à agrandir son royaume à en moderniser l'administration et l'armée, à développer l'agriculture, l'industrie et le commerce. Il fait venir de France des savants et des penseurs, supprime la torture et accepte la liberté de penser. Kant trouvera en Frédéric II un souverain éclairé et admirateur.

L'Aufklärung se développe en Allemagne, en partie contre le courant religieux piétiste, mais il ne s'oppose pas à la religion comme en France. Il travaille à l'émancipation de la raison humaine, milite pour la liberté individuelle et croit au progrès. Avec Kant les grands représentants de ce mouvement sont : Mendelssohn (1729-1786) qui travailla à l'émancipation des juifs d'Europe et Lessing (1729-1781) qui appelait à la tolérance, au cosmopolitisme et à l'universalisme. Kant, le plus éminent représentant de l'Aufklärung, définit ce mouvement ainsi : « C'est la sortie de l'homme hors de l'état de minorité dont il est lui-même responsable. L'état de minorité est l'incapacité de se servir de son entendement sans la conduite d'un autre. On est soi-même responsable de cet état de minorité quand la cause tient, non pas à une insuffisance de l'entendement, mais à une insuffisance de la résolution et du courage de s'en servir sans la conduite d'un autre ».

Kant sera de plus fortement influencé par Hume et sa critique du principe de causalité. Dans son ouvrage : *Prolégomènes à toute métaphysique future qui pourra se présenter comme science*, il écrit : « Je l'avoue franchement, ce fut l'avertissement de Hume qui interrompit d'abord, voilà bien des années, mon sommeil dogmatique et qui donna à mes recherches en philosophie spéculative une tout autre direction ». Kant connaît bien aussi les écrits du philosophe de Genève Rousseau, de qui il tira l'importance du témoignage de la conscience. Ne disait-il pas que deux choses forçaient son admiration : le ciel étoilé au-dessus de nos têtes et la voix intérieure de la conscience. L'importance pour Kant de Rousseau est illustrée par une anecdote de sa vie. Lui, dont l'horaire de promenade était si réglé, n'y dérogea que deux fois, en particulier quand il apprit la publication du *Contrat Social* en 1762.

De même, on ne peut minorer l'influence sur Kant d'Isaac Newton (1642-1727), mathématicien et physicien, l'auteur des lois de la gravitation. En lisant Newton et en constatant les succès de la raison dans les sciences, Kant ne s'en pose qu'avec plus d'acuité la question de savoir pourquoi la métaphysique ne parvient pas au statut de science. Enfin, première influence de jeunesse, celle de sa mère et de ses professeurs d'université dont Wolff (1679-1754), fervents piétistes. Le piétisme était une sorte de secte dissidente du Luthéranisme officiel promouvant le détachement du monde, la pratique de la prière et une morale austère. Ce dernier caractère se retrouvera dans la morale kantienne.

II – BIOGRAPHIE

Emmanuel Kant naît en 1724 à Kônigsberg, l'actuelle Kaliningrad en Russie sur la Baltique. Membre d'une fratrie de onze enfants, il reçoit de son père ouvrier sellier et de sa mère piétiste une forte éducation morale et religieuse qui marquera son œuvre. À l'université, il suit les cours de philosophie de Wolff, mais aussi de mathématiques et de physique. Après avoir été un temps précepteur, il devient « privat docent », professeur libre à l'université de sa ville qu'il ne quittera plus.

Dans l'itinéraire philosophique de Kant, on peut distinguer trois périodes. Les années (1755-1780) correspondant à sa période « précritique » , il enseigne les philosophes rationalistes dont Leibniz. Bientôt, il est questionné par la lecture de Hume et par son scepticisme. Il approfondit ses connaissances en sciences en lisant Newton. La lecture du *Contrat Social* de Rousseau enrichit sa pensée. En 1770, il devient professeur de logique et de métaphysique.

Les années (1780-1790), la période « critique », constituent l'époque de l'épanouissement de sa pensée. Il écrit ses principaux ouvrages :

1781 « Critique de la raison pure ».
1783 « Prolégomènes à toute métaphysique future ».
1785 « Fondements de la métaphysique des mœurs ».
1787 « Critique de la raison pratique ».
1790 « Critique de la faculté de juger ».

Il accède à la notoriété, devient Doyen, puis Recteur de l'Université de Königsberg et membre du Sénat de la ville.

Durant la troisième période, de 1790 à 1804, il rédige : *la religion dans les limites de la simple raison* (1793), *Projet de paix perpétuelle* (1785), et la *Métaphysique des mœurs*. Il doit faire face à la montée en puissance du mouvement romantique qui demande qu'une place soit faite aux sentiments et à l'imagination. Sa renommée s'élargissant, il devient membre de l'Académie de St Pétersbourg et de Vienne. Fatigué, il décède en 1804 en prononçant ses simples, mais beaux mots : « C'est bien ! »

Toute sa vie, Kant mena une existence réglée et studieuse. La tradition dit que les commerçants de la ville réglaient leur horloge au passage de Kant lors de sa promenade quotidienne. Le philosophe Herder (1744-1803), qui suivit deux années ses cours, le décrivait ainsi : « Il avait une gaieté alerte de jeune homme, son front découvert, taillé pour la pensée était le siège d'une sérénité, d'une joie inaltérable… Il excitait les esprits et les forçait doucement à penser par eux-mêmes ».

III – LA PENSÉE DE KANT

1) Le projet

Kant qui connaît le succès des sciences s'étonne que la métaphysique ne parvienne pas à se constituer en tant que science exacte et se perde dans des « apories » et des « paralogismes », des raisonnements erronés. Il se donne donc pour mission de s'interroger sur le fonctionnement de l'esprit humain, à la façon des empiristes anglais, en particulier de Hume. Il construit donc une étude « critique » de cet esprit, terme qui vient du grec « krinein » : trier, séparer. Pour Kant, il s'agit de distinguer les usages légitimes de la raison de ses usages illégitimes.

En cela, Kant dit réaliser «une révolution copernicienne » de la pensée humaine. Avant lui, les philosophes se sont intéressés à l'objet visé par cette pensée, Kant se propose d'en étudier le fonctionnement, en particulier les structures, l'architecture. « Jusqu'ici, on admettait que toute notre connaissance devait se régler sur les objets, mais dans cette hypothèse, tous les efforts tentés n'aboutissaient à rien. Qu'on essaie donc enfin de voir si nous ne serions pas plus heureux dans les problèmes de métaphysique en supposant que les objets doivent se régler avec notre connaissance ». (C.A.Pure).

À la question : « Qu'en est-il des choses ? », Kant demande de substituer : « Que pouvons-nous connaître ? ». Kant institue un véritable tribunal où la raison doit comparaître. « Un tribunal qui, en assurant ses légitimes prétentions, repousse aussi toutes celles de ses exigences qui sont sans fondement ». (C.R.Pure).

2) La critique de la Raison Pure : La connaissance

a) Position du problème : les jugements synthétiques a priori

La fonction principale de la raison est de juger et non pas d'amasser des connaissances selon Kant. Aussi, commence-t-il sa réflexion, en pensant en particulier aux sciences, en distinguant les jugements « a priori » et les jugements « a posteriori ». Les premiers ne dépendent pas de l'expérience exemple : tout changement a une cause ; ils sont donc universels et nécessaires. Les seconds énoncés à partir de l'expérience sont factuels et particuliers, exemple : le ciel est bleu aujourd'hui. Kant distingue ensuite les jugements analytiques qui ne font que développer l'attribut compris dans le prédicat, exemple : les corps sont étendus et les jugements synthétiques qui enrichissent le prédicat d'une qualité qui ne lui appartient pas par définition, exemple : cet homme est un Français. De ces deux distinctions, Kant en tire la conclusion suivante : tous les jugements analytiques sont a priori, alors que les synthétiques sont a posteriori.

Or, la physique mathématique s'établit par des lois qui enrichissent la connaissance et qui sont nécessaires et universelles ; ce sont donc des jugements synthétiques, mais « a priori », exemple : quand je dis que la somme des angles d'un triangle est égale ; à deux angles droits, je ne fais pas appel à l'expérience, je le démontre. Et, constate Kant, la métaphysique fait aussi appel à des jugements synthétiques « a priori » quand elle parle de Dieu, de l'âme. En agissant ainsi, elle enrichit la connaissance (jug. synthétique) sans faire appel à l'expérience (jug. a priori). Puisque par définition, Dieu et l'âme ne sont pas objets d'expérience. Mais, à la différence des sciences, la métaphysique n'aboutit à aucune connaissance certaine et indiscutable comme les sciences.

Réfléchissant ainsi sur le succès des sciences et l'insuccès de la métaphysique, Kant en vient à s'interroger sur les conditions de validité du jugement synthétique a priori. Interrogation qui se subdivise en trois sous questions : Comment les mathématiques sont-elles possibles en tant que sciences ? Même question pour la physique. Pourquoi la métaphysique n'arrive pas à se constituer comme science ? La réponse à ces trois questions, Kant l'a saisi dans une intuition fondamentale pour le développement de sa réflexion. Pour qu'il y ait un acte de connaissance certain, universel et nécessaire, il faut la conjonction de deux éléments : un élément a priori qui tient à la structure et à l'architecture de la raison et un élément a posteriori donné dans l'expérience ; en langage kantien « une forme et une matière ». Ce qui signifie qu'à l'inverse des empiristes, Kant considère que l'esprit n'est pas une simple couche de cire vierge sur laquelle viennent se graver les sensations. Et qu'à l'inverse des philosophes dogmatiques, la raison ne peut accéder à la connaissance des réalités spirituelles non données dans l'expérience sensible.

L'esprit humain n'est pas passif, mais il est dépendant de l'expérience. Il construit la connaissance à partir d'une « matière » empirique, structurée et informée par ses règles de fonctionnement : « la forme ». Et Kant écrit d'une façon imagée : « La colombe légère, lorsque dans un vol libre, elle fend l'air dont elle sent la résistance, pourrait s'imaginer qu'elle réussirait mieux encore dans le vide. C'est justement ainsi que Platon quitta le monde sensible parce que ce monde oppose à l'entendement trop d'obstacles divers, et se risqua au-delà de ce monde, sur les ailes des idées, dans le vide de l'entendement. Il ne remarqua pas que ses efforts ne lui faisaient point gagner du chemin, car il n'eut point, pour ainsi dire, d'endroit où se poser et de support sur lequel il pût se fixer et appliquer ses forces pour changer son entendement de place. (C.A.Pure).

De cette conclusion résulte le plan de la *Critique de la raison pure*. La 1ère partie : « l'Esthétique transcendantale » étudie la première structuration de l'esprit : les formes a priori de la sensibilité : l'espace et le temps, et répond à la première question. La 2e partie : « l'Analytique transcendantale » s'intéresse à la deuxième architecture de l'esprit : les « cadres » de l'entendement, et répond à la seconde question. La 3e partie, « la Dialectique transcendantale » ou « Logique de l'apparence » étudie les mésaventures de la métaphysique qui ne respecte pas les règles de fonctionnement de l'esprit, et répond à la 3e question. À noter que chez Kant, le terme « transcendantal » n'a pas de sens religieux ; il désigne la part d'a priori que comporte l'acte de connaissance. La *Critique de la raison pure* se présente ainsi comme une éducation de la raison. « C'est une police de l'esprit qui permet d'éviter l'oscillation entre l'assurance dogmatisme et le désespoir sceptique. Par là même, elle vise un but supérieur : limiter la science, c'est faire place à un autre mode de révélation de la raison, à une foi rationnelle et ainsi fonder la métaphysique pratique ». (Kant et le Kantisme J. Lacroix, p.26).

b) L'esthétique transcendantale

Kant n'utilise pas le terme d ' « Esthétique » en rapport avec le jugement de beau dans l'art. Il le prend dans son sens étymologique : « aisthetikos » : qui a rapport à la sensation. Kant veut signifier par cet usage que toute connaissance commence par l'expérience sensible ; ce que Kant nomme « l'intuition », étymologiquement : le coup d'œil. Par l'intuition, l'objet est donné à l'esprit comme « phénomène », du grec « phainomenon » : ce qui apparaît.

Ce phénomène est un mixte composé de deux éléments distincts : ce que nous recevons du monde extérieur dans l'intuition sensible ce que Kant nomme la « matière » et ce que notre faculté de connaître y ajoute : la « forme ». « J'appelle matière, dans le phénomène, ce qui correspond à la sensation, mais ce qui fait que le divers du phénomène est coordonné dans l'intuition selon certains rapports, je l'appelle la forme du phénomène... si la matière de tout phénomène ne nous est donnée il est vrai qu'a posteriori, il faut que la forme se trouve a priori dans l'esprit toute prête à s'appliquer à tous, il faut donc qu'elle puisse être considérée indépendamment de toute sensation (C.R.Pure).

Cette forme qui organise et structure la matière de l'intuition est constituée par l'espace et le temps. Pour Kant, l'espace et le temps ne sont pas deux réalités autonomes, indépendantes et extérieures à l'homme. Ce sont des « intuitions pures », indépendantes de l'expérience ; ce sont les conditions mêmes de la possibilité de l'intuition, de l'expérience sensible. En elles-mêmes, elles sont donc « vides », a priori. Ce sont les prérequis de l'expérience sensible, ses conditions de possibilité. À ce propos, L. Ferry écrit : « Les objets sensibles sont inévitablement situés dans deux cadres : l'espace et le temps. Impossible de faire autrement ou d'en sortir… Les objets qui nous entourent ont tous cette caractéristique très particulière d'être toujours situés a priori dans l'espace et le temps. Ils occupent un certain volume et ont tous une certaine durée de vie. (« Sagesse d'hier et d'aujourd'hui », fasc. 11 p. 27). L'espace et le temps sont donc des structures de l'acte de connaître et non une détermination des choses connues. Le temps est la forme a priori de sens interne par lequel nous percevons nos états de conscience et nos états intérieurs, l'espace est la forme a priori du sens externe par lequel nous connaissons le monde extérieur.

De cette première étude, une conclusion s'impose. Tout acte de connaissance humaine est limité. Il doit commencer par l'intuition sensible structurée par les formes a priori de la sensibilité puis par les catégories de l'entendement.. L'homme ne dispose pas d'intuitions purement intellectuelles et rationnelles qui lui permettraient d'entrer directement en contact avec des êtres ou des entités de nature purement rationnelle ou spirituelle, tels l'âme, Dieu. En clair, l'Esthétique transcendantale condamne radicalement la possibilité de la métaphysique à devenir une science.

Deuxième conclusion : avec l'Esthétique transcendantale commence la « révolution copernicienne » que Kant veut opérer. Il ne commence pas sa réflexion philosophique, comme le font les philosophes rationalistes par l'étude de Dieu. Il construit sa démarche philosophique à partir de l'étude de l'homme, ou plus précisément des conditions de fonctionnement de la raison. Kant ramène la philosophie de Dieu à l'homme. Luc Ferry écrit à ce propos : « Kant ne part pas de Dieu pour relativiser l'homme, il part de l'homme pour relativiser Dieu », (Sagesse d'hier et d'aujourd'hui, fasc.11, p 31).

c) L'analytique transcendantale

Pour que l'intuition sensible donne accès à la connaissance d'objets identifiés et signifiants, il faut l'intervention d'une seconde structure de l'esprit, d'une seconde architecture organisatrice propre à l'entendement, que Kant dénomme : la « faculté des concepts ». L'entendement construit la connaissance à l'aide de ses « concepts purs » ou « catégories ». Car pour Kant, connaître c'est juger, c'est-à-dire opérer des liaisons, des relations entre les éléments divers et épars donnés dans l'intuition sensible. En cela, l'entendement peut être dit « la faculté des règles » donnant accès à la connaissance d'objets précis et identifiables. « Les règles, en tant qu'objectives, par suite comme appartenant nécessairement à la connaissance de l'objet, s'appellent les lois... Elles procèdent a priori de l'entendement ; elles ne sont pas dérivées de l'expérience, mais elles procurent au contraire aux phénomènes leur conformité aux lois et par ce moyen rendent possible l'expérience ». (C.R.Pure).

Les concepts de l'entendement sont ce que L. Ferry appelle des « connecteurs », des outils de liaison et de relation permettant d'ordonner la diversité et la l'indétermination de l'intuition sensible qui, seule, ne donne pas une véritable connaissance. Ils sont les mêmes pour tous les hommes, nécessaires et universels. Ces concepts purs ou catégories sont au nombre de douze ; Kant les déduit à partir de l'étude des principales formes de jugement. Du point de vue de la quantité, ce sont les concepts de totalité, de pluralité, d'unité ; du point de vue de la qualité, de réalité, de négation et de limitation. Ce sont les catégories mathématiques permettant les jugements synthétiques a priori assurant la nécessité et l'universalité des propositions mathématiques. Les jugements synthétiques a priori assurant la nécessité et l'universalité des lois physiques sont construits avec les catégories de relation qui sont ceux de la substance et d'accident, de cause et d'effet, d'action réciproque, et les concepts de modalité : possibilité-impossibilité, existence-non- existence, nécessité-contingence.

À cette Analytique des concepts, s'ajoute l'Analytique des principes qui s'intéresse à l'application de ces concepts aux données de l'intuition sensible. La relation entre les deux domaines hétérogènes que sont les informations sensibles a posteriori reçues dans l'intuition et les concepts a priori de l'entendement est possible grâce à l'intervention d'une structure de l'esprit, homogène à ces deux domaines : les « schèmes transcendantaux ». Les schèmes transcendantaux produits de l'imagination sont les catégories en acte. Cette intervention des schèmes transcendantaux est, dans la pensée de Kant, la partie la plus difficile à comprendre. Retenons-en l'idée sous-jacente : pour Kant, l'esprit ne ressemble en rien à la « tabula rasa » des empiristes. L'esprit est actif ; il construit, il constitue la connaissance. Tout ce qui nous apparaît lié et ordonné dans les choses est lié et ordonné par l'entendement. Le monde que nous connaissons n'est pas tel en soi ; il ne nous est pas donné passivement d'emblée; c'est l'esprit humain qui le construit et le rend connaissable. La vérité n'est pas du côté de l'objet, mais du côté du sujet. L'objet n'est pas ce qui rend possible la connaissance, il est ce que la connaissance rend possible. Par rapport aux philosophies anciennes, il s'agit bien d'une révolution copernicienne.

Il en résulte la relativité de la connaissance humaine. Celle-ci ne saurait être absolue; elle ne peut connaître les choses telles qu'elles sont « en soi ». Elle ne les connaît que telles qu'elles apparaissent, telles qu'elles sont construites par l'esprit humain. En langage kantien, l'homme ne peut connaître les « noumènes » , il ne connaît que des « phénomènes ». Il est impossible à l'homme de s'abstraire des cadres de son esprit, d'avoir une connaissance absolue telle celle prêtée à Dieu.

d) La dialectique transcendantale

Pour expliquer le fonctionnement complet de l'esprit humain dans l'acte de connaissance, Kant fait appel à une 3e structure organisatrice que sont les « idées » de la raison dont le rôle est d'unifier, de compléter le travail de structuration des formes a priori de la sensibilité et des concepts de l'entendement. La raison est « la faculté des principes » ou « idées de la raison ». Elle porte en elle un idéal, une exigence d'unification complète de toutes les connaissances. Elle tend vers une organisation, un ordonnancement rationnel total des connaissances. Ces idées de la raison sont au nombre de trois : celle de l'âme, celle du monde et celle de Dieu. Celle de l'âme travaille à unifier l'ensemble des connaissances concernant l'homme, celle du monde la connaissance des phénomènes naturels, celle de Dieu en tant que cause de toutes les causes.

C'est à l'occasion de l'étude du rôle des trois idées de la raison que Kant dénonce l'usage illégitime de la raison spéculative dans la métaphysique. Et qu'il dénonce et déconstruit les prétentions de la métaphysique à se donner comme une science. Car cette métaphysique au lieu de se contenter du rôle « régulateur » des idées de la raison, de leur fonction de principe dernier d'unification et d'organisation de la connaissance, les prend pour des réalités de soi. Elle les « objective », les « substantialise ». Elle en fait un usage illégitime, « dialectique » qui explique toutes les difficultés auxquelles elle est confrontée et dont elle n'arrive pas à s'extraire. La métaphysique sombre ainsi dans une « logique d'apparence ». L'objet de la dialectique transcendantale sera donc de découvrir l'apparence des jugements transcendantaux et d'éviter que la métaphysique nous trompe. Nous avons affaire à une illusion naturelle et inévitable qui repose sur des principes subjectifs qui sont utilisés comme objectifs.

En psychologie rationnelle, l'esprit humain « objective », « réalise », transforme en entité objective réelle l'idée d'âme qui n'est que régulatrice. Elle transforme ce qui n'est que la troisième et dernière structure de l'esprit, en entité existante en dehors de l'esprit. C'est le fameux « je pense » de Descartes et sa croyance en l'existence de l'âme substantialisée en réalité permanente. Ce faisant, la métaphysique tombe dans des « paralogismes », des jugements erronés. Il en est de même en cosmologie rationnelle où l'esprit humain substantifie l'idée régulatrice du monde. Il se perd alors dans des « antinomies », des thèses contradictoires également valables. Enfin en théologie, l'homme « réalise », transforme en un être réel, l'idée régulatrice de Dieu. C'est à ce propos que Kant critique vertement la preuve ontologique de St Anselme, (1033-1109) reprise par Descartes : « Dieu est l'être parfait, l'existence est une perfection, donc Dieu existe ». À juste titre, Kant démontre qu'on ne passe pas d'une façon valable de la conception d'une idée à la réalité de l'être ou de l'objet que représente cette idée. L'existence ne se démontre pas, elle se rencontre, s'expérimente.

Pour Kant, la métaphysique en tant que science est donc impossible. Cette critique de la métaphysique et de ses illusions est fondamentale dans l'histoire de la philosophie. Kant, par son travail critique, est l'initiateur de l'opération de «déconstruction » qu'accompliront les philosophes contemporains, et avant eux Schopenhauer (1788-1860) et Nietzsche (1844-1900). Faut-il en conclure que les trois idées de la raison qu'utilise de façon illégitime la philosophie dogmatique rationnelle sont inutiles ? Non, répond Kant, car elles forcent l'esprit à poursuivre son travail d'unification de toutes les connaissances. Elles sont le moteur du développement des sciences et de la recherche des théories explicatives de tous les différents domaines du réel.

Mais, elles ont pour Kant, une utilité beaucoup plus importante dans le domaine de l'action, de la morale. « Dans le refus de notre raison de donner une réponse satisfaisante aux questions indiscrètes qui dépassent notre vie, elles nous montrent un avertissement de détourner notre étude de nous-mêmes de la spéculation transcendantale qui est infructueuse, pour l'appliquer à l'usage pratique, seul fécond ». C'est le sujet de l'étude de la seconde Critique, celle de la raison pratique.

3) La critique de la raison pratique : la morale

a) Position du problème : l'importance pour Kant du problème de l'action morale.

Pour Kant, l'homme est constitué comme par deux natures : une part non libre, phénoménale en ce qui concerne sa participation au monde sensible, et une part libre en ce qui concerne sa nature rationnelle, la part nouménale. C'est à propos de cette seconde nature que se pose le problème de l'action morale à laquelle Kant a été sensibilisé par son éducation piétiste et par la lecture de Rousseau. Comme ce dernier, Kant croit à la réalité et à la valeur de la conscience morale. Il suit le philosophe de Genève lorsqu'il écrit en première page de sa *Critique de la raison pratique* : « Deux choses remplissent le cœur d'une admiration et d'une vénération toujours nouvelles et toujours croissantes, à mesure que la réflexion s'y attache et s'y applique : le ciel étoilé au-dessus de moi et la loi morale en moi. Ces deux choses, je n'ai pas besoin de les chercher et de les conjecturer simplement comme si elles étaient enveloppées de ténèbres et placées dans une région transcendantale en dehors de mon horizon. Je les vois devant moi, et je les rattache immédiatement à la conscience de mon existence ».

Mais Kant est un homme des Lumières qui professe la dignité et l'autonomie de l'homme. Il ne peut donc admettre une morale d'« hétéronomie » qui demande d' obéir à un principe et à des lois extérieures à la personne humaine, comme les morales cosmothéologiques anciennes qui soumettent l'homme à l'ordre du Cosmos ou à un Dieu. Il refuse, pour les mêmes raisons, les morales fondées sur les sentiments trop subjectives. La morale Kantienne ne peut être qu'une éthique d'autonomie respectant la part nouménale et libre de l'homme. Il la fonde donc sur la conscience humaine non pas sur la conscience individuelle et subjective, mais sur une conscience éclairée et libre qui n'est que l'expression de la raison en tant que faculté des règles.

Ainsi, fondé sur l'expression de la raison pratique, l'impératif moral, le devoir de rechercher le bien ne peut être que « catégorique », c'est- à- dire avoir les mêmes caractères de nécessité et d'universalité que la raison. Il ne peut être « hypothétique », dépendant des conditions et des circonstances particulières et contingentes de l'action. L'impératif moral kantien s'exprime donc sous la forme d'un ordre indiscutable, nécessaire et universel. « Tu dois ». Il ne concerne donc pas les détails pratiques de l'acte moral, la « matière de l'action », mais son principe, mieux sa forme qui consiste dans la volonté, l'intention de respecter la loi morale. Pour Kant, et on l'a critiqué pour son formalisme, un acte est moral non pas par la bonté du résultat, mais par la volonté qui l'anime : celle de respecter la loi morale quoi qu'il en coûte. Cette volonté farouche de respecter la loi morale, Kant l'appelle la « bonne volonté » : expression et exigence en l'homme de la raison se faisant pratique.

b) La bonne volonté

Seule est bonne, conforme du devoir moral, la volonté de toujours respecter la loi morale. Dans son livre *Les fondements de la métaphysique des mœurs,* qui est une introduction à la *Critique de la raison pratique*, Kant écrit : « De tout ce qu'il est possible de concevoir dans le monde, il n'est rien qui puisse sans restriction être tenu bon si ce n'est seulement une bonne volonté ». Et Kant illustre sa pensée par l'anecdote des deux marchands et de l'enfant. Voyant venir dans leur échoppe un enfant, ces deux commerçants sont tentés d'abuser de sa naïveté et d'augmenter leurs prix. En définitive, ils ne le font pas, mais pour deux raisons bien différentes. Le premier ne le fait pas, car il craint la mauvaise réputation alors que le second ne le fait pas pour respecter le devoir moral selon lequel les prix sont identiques quels que soient les acheteurs. Et pour Kant, seul le second a eu un comportement moral, a fait preuve de la « bonne volonté » d'agir selon la loi morale. Le résultat qui est dans cette anecdote le même ne constitue pas la moralité de l'acte, mais la volonté d'obéir au devoir moral. Kant écrit « Ce qui fait que la volonté est telle (morale), ce ne sont pas ses œuvres ou ses succès, ce n'est pas son aptitude à atteindre tel ou tel but proposé. C'est seulement le vouloir; c'est- à- dire que c'est en soi qu'elle est bonne » (F.M.M.).

En définissant l'action morale par la bonne volonté, Kant pose clairement la distinction entre la moralité et la légalité. Est légal l'acte conforme à ce que la loi exige peu importe l'intention. Est moral l'acte posé avec l'intention de respecter la loi. Aussi de même qu'on reproche à Kant son « formalisme » on lui reproche son « rigorisme ». L'intention morale répond à un ordre : « Fais-le bien, obéis à la loi quoique cela te coûte ». Kant explique que le caractère abrupt de la loi morale s'explique par la double nature de l'homme. La part nouménale, celle de la raison pratique, doit faire plier sous sa férule la part phénoménale gouvernée par les intérêts, les sentiments et les passions. On s'aperçoit ici que Kant se distingue des philosophes grecs pour qui la vertu est naturelle et sereine; elle est le bon accomplissement de la nature de l'homme, de ses différentes fonctions. Pour Kant, tributaire de son éducation piétiste, la vertu est un combat, une lutte, une seconde nature, un nouvel ordre volontaire conforme à la raison. La morale kantienne n'est donc pas un « eudémonisme » centré sur la recherche du bonheur comme chez Aristote. Elle est encore moins un « hédonisme » recherchant le plaisir comme chez les épicuriens. Elle est une morale du devoir : « tu dois, il faut ». En cela, elle est représentative de la position intermédiaire de l'homme : il n'est pas un simple animal, mais il n'est pas un Dieu. Il est un être de la culture, appelé à construire un monde conforme à la raison que Kant appelle le « règne des fins ».

c) *Les maximes de la morale*

Le devoir moral exprimant le commandement, ou mieux l'injonction de la raison, il doit en avoir les caractères de nécessité et d'universalité. Les règles morales ne commandent donc pas d'accomplir tel ou tel acte, tel ou tel devoir particulier et contingent relatif aux circonstances de la vie. Elles prescrivent la forme, la façon que doit revêtir toute action afin d'être morale. Ce que Kant appelle « la maxime ». Elles sont au nombre de trois.

La première maxime, qui est le décalque pratique du principe rationnel de non-contradiction, s'exprime ainsi : « Agis, toujours de telle sorte que la maxime de ton action puisse être érigée en règle universelle ». Avant d'agir, il convient de se demander : et si tout le monde agissait ainsi. La seconde maxime exprime le respect dû à la raison. Elle se formule ainsi : « Agis toujours de telle sorte que tu traites l'humanité en toi comme chez les autres comme une fin et jamais comme un moyen ». Cette seconde maxime pose clairement la valeur inaliénable de la personne. En cela, Kant peut être dit le précurseur des droits de l'homme. La troisième maxime conforme au principe d'autonomie de la raison, avance : « Agis toujours de telle sorte que tu considères ta volonté raisonnable comme instituant une législation universelle ». Cette maxime, synthèse des deux premières, exprime le fait que l'homme ne peut jamais renoncer à la liberté. À bien relire ces maximes, on s'aperçoit que Kant, qui critique les morales du sentiment, fait pourtant appel à un sentiment particulier : le respect.

d) Le sentiment de respect

Kant, qui fonde sa morale sur la raison, introduit paradoxalement le rôle d'un sentiment : celui du respect de la loi morale. Kant n'oublie pas que l'homme possède une part phénoménale sensible, que les sentiments constituent une puissance d'action pour l'action humaine. Pour nuancer la dureté et l'autoritarisme des maximes morales, il fait appel à la force et au dynamisme du sentiment du respect. Le respect, de plus, diminue et apprivoise la pesanteur des penchants égoïstes. Le respect n'est pas, bien sûr, le fondement de la moralité, il en est un « mobile subjectif ». Il est l'effet subjectif de la loi sur le sujet, comme le médiateur entre les deux natures de l'homme. Il est dit Kant : « La moralité même, considérée subjectivement comme mobile ». Le respect de la loi entraîne et meut la volonté dans le sens de la loi.

e) Rapports entre morale et métaphysique

Nous avons vu que Kant distingue en l'homme deux parts : la part phénoménale soumise aux déterminismes naturels et la part phénoménale libre. Kant a conscience de la fragilité de cette distinction. D'autant plus que la raison ne peut se prononcer avec certitude sur l'existence de cette liberté puisque la psychologie rationnelle qui prétendait se prononcer scientifiquement sur l'âme, siège de la liberté, a été déclarée illégitime. Mais la raison pratique, qui s'exprime par l'impératif de la loi morale, nous oblige à affirmer l'existence de cette liberté. En effet le commandement moral « Tu dois » n'a pas de sens sans le « Tu peux » qu'il implique nécessairement.

Comment sortir de ce dilemme ? Kant répond en « postulant » l'existence de cette liberté, en supposant dans la pratique que la liberté de l'homme existe. Cette supposition, cette hypothèse est nécessaire pour l'exercice de l'action morale. Il apparaît donc que, ce que la raison pure ne peut démontrer ni prouver, la raison pratique le suppose, mieux l'exige. Déconsidérée au niveau théorique et spéculatif, la raison est restaurée et réintégrée au niveau pratique.

Des exigences de la raison pratique, Kant en détermine trois postulats. Celui de l'immortalité de l'âme, puisque l'action morale demande à l'homme d'atteindre la perfection, ce qui n'est pas réalisable ici-bas. Celui de l'existence de Dieu : l'action morale ne peut être récompensée dans son désir de justice sans un « Souverain Bien » pour faire coïncider la vertu et le bonheur. Seul un Dieu souverain existant ne rend pas illusoire cette aspiration à la justice et au bonheur. Le troisième postulat, déjà étudié, concerne l'existence de la liberté nécessaire à l'action morale.

Ces trois postulats ne correspondent pas à des connaissances certaines comme celles des mathématiques et de la physique. Ils sont des suppositions, des exigences nécessaires à l'effectuation de la loi morale. Sans eux, celle-ci n'a pas de sens pour un être humain déterminé par ses intérêts, ses passions, son milieu. Mieux que des suppositions nécessaires, ces postulats sont des espérances qui nous aident à respecter la loi morale, à donner du sens à celle-ci et à la vie humaine. Pour éviter l'absurdité et le non-sens. Pour bien distinguer ses postulats de la raison pratique de la connaissance certaine et du savoir des mathématiques et des sciences, Kant parle de « croyance ». « J'ai donc dû supprimer le savoir pour lui substituer la croyance ». La métaphysique spéculative est condamnée par Kant ; mais il lui substitue une métaphysique pratique. « Je ne saurais donc admettre Dieu, la liberté et l'immortalité selon le besoin qu'en a ma raison dans son usage pratique nécessaire, sans repousser en même temps les prétentions de la raison pure à des vues transcendantes ; car pour atteindre à ces vues, il lui faut employer des principes qui ne s'étendent en réalité qu'a des objets de l'expérience possible… J'ai donc dû supprimer le savoir pour lui substituer la croyance », (C.R.Pratique).

4) La critique de la faculté de juger : l'art

a) Position du problème : le jugement de finalité

La 3e critique est la synthèse des deux premières ; elle s'intéresse au jugement de finalité. Car ce jugement sert d'intermédiaire entre le domaine théorique et le domaine pratique. Ce jugement se présente sous deux formes : le jugement téléologique par lequel nous constatons une harmonie dans la nature et le jugement de finalité par lequel nous constatons un accord entre nos différentes facultés. L'étude suivante sera limitée à l'analyse du jugement du beau, vu son importance dans l'esthétique moderne.

Kant commence son étude par l'exposition des deux thèses contraires à propos du jugement du beau qu'il appelle le « goût ». Pour certains, « le jugement de goût ne se fonde pas sur des concepts, autrement on pourrait disputer à ce sujet et en décider par des preuves » Pour les tenants de cette thèse, le beau repose sur les sentiments : il est donc individuel, subjectif, irrationnel ; à chacun son goût. Pour d'autres, « le jugement de goût se fonde sur des concepts, autrement on ne pourrait même pas disputer à ce sujet » et prétendre à l'assentiment d'autrui. Selon cette thèse, le goût est la manifestation de la vérité, il est objectif ; il fait l'unamité.

Kant résout cette « antinomie » en montrant que les deux thèses possèdent un élément de vérité. La 1ère thèse a raison de dire que l'art n'est pas de l'ordre de la connaissance vraie ; il ne relève pas de la démonstration. « Il constitue une intuition singulière rapportée au sentiment de plaisir ». Mais la 2e thèse a raison d'affirmer que le jugement de beau n'est pas totalement subjectif et donc incommunicable. Certes, on ne peut en disputer, en donner des preuves ; mais on peut en discuter, donner des arguments, échanger. Ce qui signifie que le beau possède une part d'universalité. Cela parce que le beau éveille les idées de la raison présentes en chaque homme; idées qui permettent de transcender la pure subjectivité et susciter un « sens commun » possédé par tous les hommes. Ainsi, le jugement du goût est-il un mixte de sensible et d'intelligible, d'individuel et d'universel, qui réunit la part phénoménale et nouménale de l'homme.

b) Le beau réunit le sensible et l'intelligible

Le beau réunit le sensible et l'intelligible. L'œuvre d'art est construite avec des éléments matériels : la couleur, le marbre, les sons des instruments qui provoquent en nous des sensations et des sentiments affectant notre conscience singulière. Mais dans l'œuvre d'art s'expriment, se manifestent des idées, des significations telles que la vie, l'amour, la souffrance, la mort ; en bref des idées que l'artiste a matérialisées à travers des éléments matériels. Ainsi pour Kant, l'art est un intermédiaire, mieux un médiateur, un mixte harmonieux entre la matière et l'esprit, entre l'aspect phénoménal et nouménal de l'homme. Dans l'œuvre d'art, le sensible se met à signifier et à exprimer l'intelligible ; il l'incarne, lui donne corps. Dans l'œuvre artistique, la liberté est comme « sensibilisée » tandis que la sensibilité est « libérée ». La 3e critique, celle de la faculté de juger, est donc bien la synthèse des deux premières, la conciliation entre le rationnel, le spéculatif et le pratique, le moral. En cela, l'art est un facteur de paix. Et Kant pousse encore plus avant sa réflexion. En tant que moyen de conciliation et de réconciliation, l'art préfigure, anticipe la réconciliation totale et complète de sa nature, que l'homme atteindra en Dieu, dans sa religion. L'art a donc une valeur symbolique. Il purifie l'homme de ses attaches égoïste, il le hausse à la pointe spirituelle de son être. En cela, il prépare à l'action morale. Jean Lacroix écrit : « Cette unité suprasensible de la nature et de la liberté que postule la morale, il la vit et révèle par là qu'elle est possible ; il renforce l'espoir de l'homme de la réaliser », (Kant et le Kantisme, p.85).

Sans oublier que pour Kant, l'art est un moyen de communication et d'échange entre les hommes. Le jugement de goût ne peut pas être démontré ou prouvé, « disputé » écrit Kant. Mais on peut en discuter, on peut échanger les points de vue personnels sur une œuvre d'art ; on peut rapprocher les différentes appréciations personnelles et arriver à un certain consensus : les grandes œuvres d'art font l'unanimité. Luc

Ferry écrit à ce propos : « Le jugement de goût fait signe lui-même vers une visée communicationnelle, intersubjective, vers un élargissement de l'objet vers le sujet », (« Une lecture des trois critiques », p.165).

c) Les critères du beau

De l'analyse du jugement de goût, Kant en extrait les critères, les signes, qui permettent de reconnaître le beau et d'en juger. Comme dans la *Critique de la Raison Pure*, il distingue les quatre principales formes de jugement : de qualité, de quantité, de relation et de modalité pour en déduire les quatre critères du beau.

Selon la qualité : « le goût est la faculté de juger un objet ou un mode de représentation par la satisfaction ou le déplaisir, d'une façon toute désintéressée. On appelle beau l'objet de cette satisfaction ». Le beau est différent de l'agréable et de l'utile; Il ne concerne pas les besoins vitaux; il est de l'ordre du gratuit et du contemplatif. Il élève l'homme au-dessus de sa part phénoménale bio-psycho-sociale.

Du point de vue de la quantité : « est beau ce qui plaît universellement sans concept ». Puisque le beau est désintéressé, il est universel ; mais c'est un universel senti et vécu et non pas intellectuel et rationnel. Le beau ne prouve pas, ne se démontre pas; il s'éprouve, mais il est cependant partageable. Devant un beau tableau, l'unanimité se fait.

Au plan de la relation, « la beauté est la forme de la finalité d'un objet en tant qu'elle y est perçue sans la représentation d'une fin». L'œuvre d'art présente une organisation, une construction d'ensemble telle qu'on a l'impression qu'elle a été créée dans un but précis. Or, elle n'a d'autre fin qu'elle-même : sa beauté. L'art ne sert aucune cause, il ne doit pas être « engagé ».

Quant à la modalité : « est beau ce qui est reconnu sans concept comme l'objet d'une satisfaction nécessaire ». La nécessité du jugement de goût est la conséquence de son universalité en raison du « sens commun » présent en tout homme.

L'esthétique de Kant marque une véritable rupture par rapport aux esthétiques anciennes et classiques. Pour ces dernières, le beau avait une origine transcendantale : il imitait la beauté du cosmos et de la création divine. Avec Kant, le beau est construit par l'homme qui cherche à harmoniser ses diverses facultés.

d) La pensée élargie

L'art a donc une fonction profondément humaine et humanisante. Il préfigure et anticipe la moralité et la religion. Mais, plus simplement, il conduit à un élargissement de la pensée, ce que Kant nomme « la pensée élargie ». Dans la contemplation esthétique, nous échangeons nos sentiments, nos impressions, nos points de vue. L'art nous apprend à « penser à la place de l'autre ». Cette « pensée élargie » fait partie, pour Kant, de l'éthique de la pensée : savoir se placer dans la perspective de l'autre. Et du coup, notre propre pensée s'en trouve enrichie, complétée, « élargie ». Kant résume ainsi sa conviction dans cette maxime : « Premièrement, penser par soi-même, deuxièmement, penser à la place d'autrui, troisièmement, toujours penser en accord avec soi-même ». C'est une autre formulation de la devise de l'Aufklärung, « Sapere aude : ose penser ».

IV - ACTUALISATION

Selon Kant, la connaissance humaine n'est pas une image exacte de la réalité, mais une construction de la pensée. Cela est encore plus vrai de la connaissance scientifique. Il n'y a pas de fait scientifique brut, simplement donné dans l'expérience sensible. C'est d'abord un fait « choisi » pour sa valeur « heuristique » : les potentialités qui sont les siennes de faire avancer la recherche. Il peut être choisi aussi pour sa valeur « polémique » (du grec polémos : la guerre), parce qu'il contredit une théorie régnante. Il est toujours mesuré, quantifié à travers des appareils de mesure et d'enregistrement. C'est donc ce qu'on peut appeler un « fait instrumental » qui dépend de l'état des techniques. Ce qui fait dire aux épistémologues, les philosophes des sciences, qu'en science, « les faits sont faits », sont fabriqués. Dans son ouvrage Le nouvel esprit scientifique, G. Bachelard écrit : « En suivant la physique contemporaine, nous avons quitté la nature pour entrer dans la fabrique des phénomènes ». Jugement qu'exprime excellemment le titre de deux autres ouvrages de cet épistémologue : *Le matérialisme rationnel et Le rationalisme appliqué.*

Ce caractère construit, fabriqué, on pourrait dire « artificiel » de la connaissance scientifique, explique que le savant n'atteint jamais la réalité telle qu'elle est en soi, le « noumène » de Kant, mais que telle qu'elle est construite par l'homme, le « phénomène » kantien et traduite en langage quantifiable et mathématisable. Aussi, comme l'écrit le physicien B.d'Espagnat, le savant est, c'est le titre de l'un des ouvrages : « À la recherche du réel ». Le réel reste toujours « voilé ».

CONCLUSION : Les post-kantiens

Kant est sans doute le plus grand philosophe de tous les temps. Sa révolution copernicienne et sa démarche critique ont durablement marqué l'histoire de la philosophie. Sa pensée comporte certes des éléments sujets à discussion, en particulier sa conception de l'espace et du temps ainsi que le formalisme et le rigorisme de sa morale. Mais son analyse du fonctionnement de l'esprit humain, sa noble conception de la morale et son esthétique sont fondamentales.

Ses proches successeurs : Fichte (1762–1814) et Schelling (1775 – 1854), mais surtout Hegel (1770-1831), ne manqueront pas de mettre en cause le cœur de la pensée kantienne: la distinction et la séparation entre les phénomènes et les noumènes. Ils reconstruiront donc des systèmes complets réunissant le monde sensible et le monde intelligible, la nature et l'esprit.

Fitche pense la philosophie de Kant inachevée. Il cherche donc à rétablir la possibilité d'un savoir total et absolu, la possibilité d'une connaissance totale et complète de toute la réalité. Il professe un « idéalisme subjectif » centré sur la conscience considérée comme un « moi transcendantal », un moi absolu.

5e partie
LA PHILOSOPHIE DE L'HISTOIRE

Hegel
Marx

Abréviations utilisées :

R.H. : La Raison dans l'histoire, Hegel
P.E : La Phénoménologie de l'Esprit, Hegel
L.H.P. : Leçons d'histoire de la philosophie, Hegel

Chapitre 12
Hegel (1770-1831)

INTRODUCTION

Le philosophe allemand Hegel est, sans doute avec Kant, un des plus grands penseurs de l'histoire de la philosophie. Sa réflexion profondément optimiste s'élabore en un vaste système qui affirme l'identité complète entre la réalité et la raison, en particulier entre l'Histoire universelle et l'Esprit universel. Mais cette identité n'est pas originelle, elle se construit et progresse grâce à une démarche dialectique qui utilise la fécondité de la contradiction.

De ce système, Marx en gardera la méthode dialectique ; mais en renversera complètement le contenu. À la place de la Raison identifiée à l'Absolu divin, il placera la matière et plus précisément les conditions économiques et sociales de la production capitaliste.

I – LE CONTEXTE

Hegel est le plus représentatif des philosophes post-kantiens qui, avec Fichte et Schelling, réagissent contre la démarche critique de Kant qui limite les pouvoirs de l'esprit humain. Ils refusent de restreindre la raison à une activité simplement régulatrice, de réduire la pensée à ne connaître que des « phénomènes », mais pas les « choses de soi ». Fidèles au désir le plus profond de la démarche philosophique, l'intelligence totale et complète de la réalité, ils veulent chercher à construire un système philosophique qu'ils qualifient de « savoir absolu ». Pour eux, le réel s'identifie à la raison et inversement. C'est ce que Hegel avance dans la préface de sa Philosophie du droit : « Tout ce qui est réel est rationnel, tout ce qui est rationnel est réel ». Le projet postkantien est donc de rétablir l'unité totale du réel et de l'esprit, la transparence complète de l'un à l'autre ; c'est une sorte de retour aux philosophies antérieures rationalistes. En cela, Hegel a subi l'influence de deux de ces philosophes : celle de Spinoza et celle de Leibniz. Mais il est aussi le successeur du vieil Héraclite (v.550-v.480).

Spinoza affirme en effet l'identité de la nature et de Dieu. « Deus sive natura ». Pour lui, tous les êtres ne sont que des « modes », des déterminations particulières, de la substance divine. Et l'existence de ces modes est complètement déterminée par la nécessité de la nature divine. Hegel reprendra cette pensée de l'identité en affirmant que l'Histoire universelle n'est que l' « Odyssée » de l'Esprit. Mais autant le système spinoziste est statique, la pensée de Hegel est dynamique. L'Esprit progresse dialectiquement vers la complète réalisation de la conscience de soi.

Dans la préface de *La Phénoménologie de l'Esprit*, Hegel se réfère directement à la *Théodicée* de Leibniz. Comme le système de Leibniz la pensée de Hegel et sa vision de l'Histoire sont optimistes. Comme pour Leibniz pour qui le mal n'est qu'une illusion qui rend le bien plus manifeste, pour Hegel, à travers les passions humaines et les intérêts égoïstes, c'est la Raison qui chemine vers sa plus grande réalisation et manifestation. Le travail négatif de la dialectique est au service de la plus grande manifestation de l'Esprit.

En développant son idée selon laquelle l'Esprit se réalise grâce au mouvement dialectique de l'Histoire, Hegel retrouve l'intuition d'Héraclite d'Ephèse. Celui-ci avait coutume de dire qu' « on ne se baigne pas deux fois dans le même fleuve » et que le « combat est le père de toutes choses ». Héraclite préfigurait déjà le mouvement dialectique hégélien: « Les contraires s'accordent et la belle harmonie naît de ce qui diffère. Toute chose naît de la lutte ».

II - BIOGRAPHIE

Friedrich Hegel naît en 1770 à Stuttgart. Brillant élève, il étudie le latin, se passionne pour la tragédie grecque, s'essaye à traduire l'*Antigone* de Sophocle et le *Manuel* du philosophe stoïcien Epictète. De1788 à 1794, il étudie la théologie au séminaire protestant de Tübinger, où il a pour condisciple le futur poète Hölderlin et le futur postkantien Schelling. Les trois amis échangent sur la philosophie de Kant; ils s'intéressent aussi à Rousseau et à la Révolution française. Hegel, déçu par la présentation du christianisme qui lui est faite, renonce à devenir pasteur.

Pour vivre, pendant sept ans, il devient précepteur profitant de ses loisirs pour compléter ses lectures. Sa pensée se fait de plus en plus critique vis-à-vis du christianisme et de la philosophie de Kant. Il prend conscience de l'importance du déroulement de l'histoire humaine, en particulier des institutions économiques, sociales et politiques, sur l'esprit et la façon de penser des différents peuples. Il rédige plusieurs opuscules dont L'esprit du christianisme et son destin qui comporte une admirable analyse des Évangiles, et La Constitution de l'Allemagne.

Il accepte à Iéna, où enseigne déjà Schelling, un poste d'assistant à l'Université. Il poursuit ses recherches documentaires sur la foi, la religion, la raison, la philosophie. Pendant cette période de Iéna (1801- 1817) il publie différents essais dont la *Différence entre la philosophie de Fichte et de Schelling*. C'est pendant ce séjour à Iéna que Hegel mûrit sa propre pensée et élabore son système. Celui-ci est présenté, la première fois, par le premier grand ouvrage de Hegel : la *Phénoménologie de l'esprit* qui paraît en 1807, ouvrage qui constitue une introduction à son système de pensée.

Ne pouvant être titularisé, il accepte le poste de directeur de la gazette de Bamberg, puis devient professeur de philosophie et directeur du lycée de Nuremberg de 1808 à 1816. Il se marie et aura un fils. De 1812 à 1816, il fait paraître sa logique : *La science de la logique*. En 1817 paraît la première édition de la totalité de son système : l'*Encyclopédie des sciences philosophiques*, et en 1821, les *Principes de la philosophie du droit*.

Entre temps, il a été nommé à l'Université de Heidelberg puis à Berlin où il occupe la chaire de philosophie de Fitche. Son prestige devient alors immense et ses activités multiples. Il règne sur les facultés de philosophie prussiennes. Ses cours sont suivis par de nombreux étudiants et disciples. Même si ceux-ci ne sont guère attractifs : « sa tenue négligée sur sa chaire, où il s'affalait d'un air las, la tête baissée, sa parole toujours hésitante, sans cesse interrompue par des toussotements, sa voix sourde, d'un fort accent souabe (Hegel de l'hégélianisme,

R.Serreau, p.8). Sa pensée novatrice lui vaudra les suspicions de la Cour et de l'Église luthérienne. Il meurt en 1831, emporté par le choléra.

Après sa mort, en rassemblant les notes manuscrites d'Hegel, ses préparations et les notes prises par les étudiants, seront publiées : la *Philosophie de l'histoire*, l'*Esthétique*, la *Philosophie de la religion*, l'Histoire de la philosophie et des compléments aux parutions antérieures.

III – LA PENSÉE D'HEGEL

1) L'idéalisme hégélien

La pensée hégélienne est un idéalisme absolu : l'affirmation que le réel est complètement rationnel et intelligible et que la Raison se manifeste et s'exprime à travers la réalité. L'idéalisme hégélien est donc différent de l'idéalisme platonicien pour qui seules sont intelligibles les Idées; le sensible restant confus et dépourvu d'être. Pour Hegel, l' « Idée » ou encore le « Concept » ,c'est-à-dire la « Raison » qui devient l « 'Esprit » conscient de soi, se réalise et se concrétise à travers l'évolution de la nature et l'histoire des hommes. La Raison est immanente à la réalité, comme chez Spinoza la substance divine est intérieure et coexistante à la nature. Hegel refuse donc le dualisme platonicien et cartésien; pour lui, la Raison constitue la trame et la texture de la nature et du monde humain.

L'idéalisme hégélien est encore plus éloigné de l'idéalisme de Berkeley pour qui « Esse est percipi » ou « Esse est percipere » : être, c'est être perçu. Pour Berkeley l'objet perçu n'est pas indépendant de la perception que j'en ai. Il n'existe dans le monde que des sujets percevant et leurs perceptions. Tout au contraire Hegel ne doute en rien de la réalité de la matière et de la nature. La réalité matérielle et naturelle et l'histoire humaine ne sont que « l'Odyssée de l'Esprit universel ». L'idéalisme hégélien est donc aussi un véritable réalisme. Il écrit, à propos de l'esthétique : « Le plumage multicolore des oiseaux brille même s'il n'est vu par personne ; leur chant retentit même si personne ne l'entend ; cette cactée qui ne fleurit qu'une nuit et ces forêts tropicales où s'entrelacent les végétations les plus luxuriantes dégageant les parfums les plus suaves, tout cela dépérit et tombe sans que personne en ait jouit ».

Bien sûr, Hegel ne suit pas Kant dans son « idéalisme transcendantal » qui sépare sensibilité et entendement, les phénomènes et les noumènes ; encore moins lorsque Kant réduit la raison à un certain nombre de règles, de cadres et de structures. Pour Hegel, le phénoménal et le nouménal se confondent, ne constituant qu'une seule et même substance : la Raison devenant consciente d'elle-même dans l'Esprit. La réalité, sous tous ses différents aspects : matériels, biologiques, sociaux, historiques, n'est que la concrétisation et l'objectivation de l'Idée et du Concept, les moyens par lesquels la Raison se réalise pleinement en prenant conscience de soi dans l'Esprit. Enfin, il ne faut pas confondre l'idéalisme hégélien à la recherche d'un idéal différent et supérieur à la réalité. Pour Hegel, la réalité est ce qu'elle est ; elle ne peut être autrement. Elle est forcément positive puisque prise en charge par la « Raison » que Hegel identifie au divin.

Le véritable projet d'Hegel est de réconcilier l'homme avec le monde et non pas de l'en détourner. En lui faisant comprendre que le monde, sous tous ses aspects, même les plus inattendus et les plus négatifs en apparence, est homogène à l'Esprit. R.Serreau, résume ainsi le projet hégélien : « Au lieu de se sentir perdu dans le monde, l'esprit en le comprenant et en lui donnant un sens, revient à soi, enrichi de tout ce qu'il a assimilé », (Hegel et l'hégélianisme, p. 29).

Avant d'avancer dans la découverte de la pensée d'Hegel, il convient de préciser son vocabulaire. L'Idée est le nom de l'Absolu divin en tant que principe et source de toute réalité. Le Concept, du latin « conceptus » signifiant «saisi, pris ensemble », désigne l'ensemble des déterminations objectives de l'Idée. La Raison résume à la fois l'Idée et le Concept comme principe premier et développement de ce principe. Elle est à la fois au début de tout, donc est homogène à l'Absolu, et ce qui meut le cours du monde et de l'histoire. Quant à l'Esprit, il est la Raison devenant conscience de soi dans l'histoire humaine. Il est comme une fin vers laquelle tend indéfiniment le processus de la Raison.

2) La dialectique hégélienne

La Raison est au début « en puissance » ce qu'elle sera totalement « en acte » dans l'Esprit. Elle est mouvement, sortie d'elle-même, concrétisation et conscientisation d'elle-même a travers le mouvement de l'évolution du monde naturel et du monde humain. Il convient donc que la pensée humaine, dont la vocation est de comprendre, de découvrir la Raison dans le dynamisme dans son « Odyssée », puisse s'adapter à ce développement. Pour Hegel, il ne saurait donc faire appel aux règles anciennes de la logique aristotélicienne fondée sur les principes d'identité, de non-contradiction et de tiers exclus qui ne sont adaptés qu'à une réalité stable et achevée.

La pensée ne peut donc avoir qu'une démarche dialectique, du grec : dialektikô : l'art de la discussion, selon laquelle, comme dans une discussion contradictoire, elle procède par une suite de contradictions dépassées et surmontées, conduisant à des synthèses plus larges et plus englobantes. La pensée dialectique pose une thèse qui appelle son contraire : l'antithèse, la négation ; thèse et antithèse sont alors réunies dans une synthèse plus riche que chacun des deux premiers mouvements.

Une proposition la thèse, ne peut se poser sans s'opposer à une autre l'antithèse, dans laquelle la première est niée, rendue autre qu'elle-même : « aliénée ». Ces deux propositions se retrouvent finalement transformées et enrichies dans une nouvelle proposition : la synthèse, qui opère entre les deux précédentes une liaison, une « médiation ». Suivant cette logique, la pensée en mouvement suit le mouvement du développement de la Raison.

Le cœur de la dialectique, le principe de son mouvement est le « surmontement » des contraires dépassés, mais conservés dans la synthèse. À ce propos Hegel écrit : « Ce mouvement dialectique est un développement qui fait passer l'être d'un état relativement pauvre et abstrait à un état plus riche et plus concret ». L'Absolu, au commencement, est indifférencié et abstrait : l'Idée. Il ne devient lui-même véritablement que tout au long du processus dialectique dans l'Esprit conscient. L'Absolu ne devient ce qu'il est vraiment qu'à la fin du processus dialectique, il est le : « Devenir de soi ».

L'exemple le plus célèbre de la dialectique hégélienne est celle du maître et de l'esclave. Deux hommes entrent en conflit. L'un, courageux et combatif, gagne sur l'autre qui ne pense qu'à sauver sa vie. Le vaincu devient l'esclave du gagnant devenu son maître. Ce dernier se permet de vivre dans l'oisiveté alors que son esclave travaille et se coltine avec la réalité. Mais ce faisant, le maître perd le contact avec le réel et devient dépendant de son esclave qui, de fait, devient le maître du maître. L'esclave acquiert une autonomie et une conscience de soi. Par ce renversement dialectique, le travail servile lui rend la liberté, alors que le maître devient dépendant de l'esclave. Dans ce renversement dialectique, la liberté change de statut. Celle du maître se révèle abstraite et formelle ; celle de l'esclave s'avère concrète et réelle. Son esclavage se transforme en véritable liberté qui par le travail, s'affirme et conquiert le monde.

3) Le système hégélien

Le plan du système complet de la pensée d'Hegel est donné dans l'*Encyclopédie des sciences philosophiques*, sorte de résumé de l'ensemble de la pensée. Ce système se présente sous la forme d'une succession de triades dialectiques qui reproduisent le mouvement du développement de l'Absolu.

Dans sa Logique, Hegel étudie l'Idée comme principe et fondement de toute réalité, mais telle qu'elle est d'abord « en soi » : abstraite, non objectivée. Dans la Philosophie de la nature, l'Idée devient le Concept en se concrétisant dans l'univers et la nature à travers l'espace et le temps, par le mouvement de l'évolution de la matière physico-chimique, jusqu'au biologique. Dans la *Philosophie de l'Esprit*, l'Absolu devient la Raison gouvernant le monde humain et devenant l'Esprit conscient dans l'art, la religion et la philosophie. « L'Absolu, dit Hegel, n'est qu'à la fin ce qu'il est en réalité ». Le système hégélien est une sorte de vaste panthéisme qui identifie Dieu à l'histoire du monde matériel et du monde humain. Non pas un Dieu transcendant et immuable, comme celui du christianisme, mais un Dieu immanent en devenir.

Pour Hegel, les règles de la logique sont homogènes aux déterminations de l'ontologie : l'Idée n'est pas différente de l'Etre. La logique hégélienne est un « panlogisme » : l'Etre obéit aux mêmes lois de développement que l'Esprit. La philosophie de la nature de Hegel est un vaste effort dialectique pour donner un sens, une signification à l'histoire cosmique et à l'évolution de la vie depuis les formes les plus simples jusqu'aux plus complexes. Hegel y montre comment la Raison, d'abord endormie, dissimulée, « aliénée » dans l'univers matériel, se concrétise de plus en plus à travers la complexification du vivant comme ordre, cohérence, organisation et complexification. La philosophie de l'Esprit, qui retiendra notre étude, est le couronnement de la pensée hégélienne. La Raison devient conscience de soi, Esprit, à travers l'histoire des esprits humains.

4) La philosophie de l'Esprit

a) Le projet

La philosophie de l'Esprit constitue le cœur et le couronnement de la pensée d'Hegel. C'est dans l'histoire humaine que l'Absolu, à partir du principe qu'est l'Idée, se concrétise dans le Concept, devient la Raison consciente, c'est-à-dire l'Esprit se manifestant dans la pensée et les œuvres de l'homme. « Semblable à Mercure, le conducteur des âmes, l'Idée est en vérité ce qui mène les peuples et le monde, et c'est l'Esprit, sa volonté raisonnable et nécessaire qui a guidé et continue de guider les événements du monde. Apprendre à connaître l'Esprit dans son rôle de guide : tel est le but que nous nous proposons ici ». (La Raison dans l'Histoire). Le projet de Hegel est de montrer, de rendre manifeste, que « la Raison gouverne le monde et que par conséquent l'histoire universelle s'est aussi déroulée rationnellement ». (La Raison dans l'Histoire).

Hegel nous appelle donc à opérer un changement de notre regard. Il nous fait quitter notre compréhension étroite et limitée, partielle et subjective, du déroulement des événements pour prendre un regard englobant, pour nous hisser au niveau d'une perspective totale du sens des événements. Il nous faut cesser de penser que les événements historiques ne sont que factuels et contingents pour en saisir la Raison qui les guide et qui se concrétise à travers les œuvres humaines, le droit, les mœurs et surtout l'art, la religion et la philosophie. « L'histoire universelle est la manifestation du processus divin absolu de l'Esprit dans ses plus hautes figures : la marche graduelle par laquelle il parvient à sa vérité et prend conscience de soi. Les peuples historiques, les caractères déterminés de leur éthique collective, de leur constitution de leur art, de leur religion, de leurs sciences, constituent la configuration de cette marche graduelle. Les principes des Esprits populaires, dans la série nécessaire de leur succession ne sont eux-mêmes que les moments de l'unique Esprit universel : grâce à eux il s'élève dans l'histoire à une totalité transparente à elle-même et y apporte la conclusion » (La Raison dans l'Histoire, R.H).

b) L'Histoire des peuples

Chaque peuple est conduit de sa naissance, pendant son développement et jusqu'à son apogée par l'Esprit qui se conscientise en lui. « Cette conscience contient, oriente tous les buts et les intérêts du peuple, et même si les individus n'en sont pas conscients, elle-même demeure comme une présomption. Elle opère comme une nécessité : l'individu est formé dans cette ambiance et ignore tout le reste, (R.H.). Les individus ne comptent pas ; ils ne sont pas des acteurs autonomes et libres. « Les individus disparaissent devant la substantialité de l'ensemble et celui-ci forme les individus dont il a besoin. Les individus n'empêchent pas qu'il arrive ce qui doit arriver ». (R.H).

Le peuple dominant à une époque précise est celui qui incarne le mieux l'Esprit, celui en qui l'Esprit se réalise le mieux. Chaque civilisation constitue une étape du devenir de l'Esprit, chaque Esprit populaire déterminé est une nouvelle étape vers le but unique que poursuit l'Esprit : se connaître soi-même et s'accomplir pleinement. La période la plus glorieuse d'un peuple, est celle où il incarne le mieux l'Esprit. Quand ce peuple ne correspond plus aux besoins de l'Esprit, à la nouvelle étape de sa réalisation, alors ce peuple est délaissé ; il dépérit et perd sa place de leader. « Il vit désormais dans la satisfaction du but accompli ; il tombe dans la routine où il n'y a plus de place pour la vitalité et avance vers sa mort naturelle. Il peut encore faire quantité de choses dans la guerre et dans la paix … Mais, cette agitation n'est plus que celle des intérêts privés », (R.H.).

c) Les grands hommes

Sont grands parmi les hommes ceux qui répondent à l'appel de l'Esprit, ceux qui le représentent le mieux à une époque donnée ; ceux qui ont reçu « la révélation de ce qui est nécessaire et appartient réellement aux possibilités du temps », (R.H). Ils tiennent leur grandeur et leur puissance d'une force qui les dépasse et n'est que la force de l'Esprit universel. « L'universel qu'ils ont accompli, ils ne l'ont pas puisé en eux-mêmes, mais ils ne l'ont pas inventé ; il existait de toute éternité, mais il a été réalisé par eux-mêmes et il est honoré en eux », (R.H). Hegel cite quelques-uns de ces grands hommes de l'histoire dont César et Napoléon qu'il qualifie de l' « Esprit à cheval ».

d) La ruse de la raison

Rien ne se fait de grand dans le monde sans passion. Mais la passion qui anime les grands hommes n'est pas véritablement leur passion propre ; elle n'est que le moyen, la médiation dont se sert la Raison universelle pour devenir l'Esprit conscient de soi. La Raison utilise les passions des hommes pour advenir à ses fins. « Cette masse immense de désirs, d'intérêts et d'activités constituent les instruments et les moyens dont se sert l'Esprit du Monde pour parvenir à sa fin, l'élever à la conscience et la réaliser … C'est bien leur bien propre que le peuple et les individus cherchent et obtiennent dans leur agissante vitalité, mais en même temps, ils sont les moyens et les instruments d'une chose plus élevée, plus vaste qu'ils ignorent et qu'ils accomplissent inconsciemment. (R.H).

C'est ce que Hegel appelle : « la ruse de la Raison ». Il en donne un exemple dans l'histoire de Rome en expliquant que cette ville, tout en conduisant sa propre politique d'annexion et de puissance, poursuivait un but qui la dépassait : l'unification du monde gréco-romain. Ce qui allait faciliter l'expansion d'une nouvelle religion universelle : le christianisme dans tout le bassin méditerranéen.

e) L'État

Les grands hommes sont des hommes d'État. L'État pour Hegel est la première structure différenciée par le moyen duquel l'Esprit universel se manifeste et se concrétise. Grâce à l'État, l'Esprit dépasse et transcende la diversité et la multiplicité des esprits individuels et subjectifs. Il les réunit et les englobe dans une unité objective que constitue une nation. À travers l'État, le citoyen s'extraie de sa pure liberté subjective pour accéder à la liberté civile et politique. « L'État est donc la forme historique spécifique dans laquelle la liberté acquiert une existence collective et jouit de son objectivité. Car la loi est l'objectivité de l'Esprit et la volonté dans sa vérité ; seule la volonté qui obéit à la loi est libre ; car elle obéit à elle-même, se trouve auprès d'elle-même et est libre ». (R.H).

f) La morale

Pour Hegel, la philosophie ne poursuit pas un idéal ; elle est la compréhension de la nécessité et de la rationalité de la réalité cosmique et historique. La morale ne s'oppose donc pas à la réalité en tant que devoir être. Elle consiste dans l'acceptation et l'adéquation à l'esprit du temps, forme particulière de l'Esprit. « Les individus donc ont de la valeur lorsqu'ils sont conformes à l'esprit de leur peuple, lorsqu'ils sont ses représentants et s'adjugent un rang particulier dans la vie de l'ensemble (R.H).

Hegel s'oppose donc à Kant quand celui-ci situe l'action morale dans « La bonne volonté » : l'intention d'agir toujours conformément au devoir moral, indépendamment des résultats pratiques de cette action. Il critique le rigorisme et le formalisme de la morale kantienne. Pour Hegel, la bonne intention ne suffit pas. Sous prétexte de respecter cette « bonne volonté », des actes répréhensibles peuvent être accomplis. Hegel ironise à propos de ce qu'il appelle la « bonne âme » qui risque de dissimuler un manque de courage. La « belle âme » animée de bonnes intentions « vit dans l'angoisse de souiller la splendeur de son intériorité par l'action et l'être là, et pour préserver la pureté de son cœur elle fuit le contact de l'effectivité et persiste dans l'impuissance entêtée » (Phénoménologie de l'Esprit). Elle se réduit alors à «une vapeur sans forme » qui ne fait que «se dissoudre dans l'air ».

g) L'art

La réflexion esthétique de Hegel constitue une partie importante de sa pensée et est d'un grand intérêt. Pour Hegel, le beau exprime l'Absolu divin sous une forme matérielle, concrète et sensible. À travers l'œuvre d'art, le spirituel est sensibilisé et le matériel spiritualisé. La fonction de l'art est d'être un médiateur entre la nature contingente et périssable et l'esprit libre et éternel. L'art est donc toujours l'incarnation d'une grande et noble idée, elle-même expression de l'Idée devenue Esprit. L'art représente la splendeur de l'Absolu divin.

L'apport de Hegel à la réflexion sur l'art et le beau est original. Se séparant de la conception platonicienne du beau en soi et de la pensée kantienne sur le jugement du goût, Hegel centre sa réflexion esthétique sur la réalité historique de l'art telle qu'il a été pratiqué aux différentes époques des civilisations humaines. « Démarche réaliste et non législative, accueillant toutes les formes d'art y compris les plus surprenantes, au lieu de les enfermer dans les carcans des lois de l'harmonie universelle ou dans celui de la subjectivité « individuelle ». (Hegel et l'hégélianisme, R.Serreau, p.130).

Hegel distingue ainsi trois formes principales d'art qui se succèdent selon une triade dialectique. L'art symbolique, celui des pyramides, exprime l'Idée, mais selon une forme imparfaite et trop abstraite. L'art classique, celui des Grecs, manifeste l'Idée sous une forme sensible et concrète. Dans l'art romantique, l'Idée submerge et dépasse le sensible qui n'est plus qu'un simple moyen. Trois formes d'art qu'on peut résumer ainsi : « C'est beau, mais qu'est-ce que cela veut dire » ; « C'est bien cela » ; « C'est beau, mais il y a encore autre chose ». Pour Hegel, l'activité artistique est toujours une tension entre l'Idée qu'elle veut exprimer et la forme matérielle et sensible que revêt cette expression. Cette tension explique la succession des diverses formes d'art.

h) La religion

Les premiers écrits d'Hegel sur la religion furent : la *Vie de Jésus*, la *Positivité de la religion chrétienne*, L'esprit du christianisme et son destin. La pensée d'Hegel en matière de religion est tributaire de deux mouvements contraires qui, à son époque, parcourent le Luthéranisme : le mouvement piétiste et le mouvement rationaliste de l'Aufklärung.

Pour Hegel, les religions sont à prendre au sérieux. Elles sont la découverte d'un sens, d'une signification. « La religion est le plein accomplissement de l'Esprit dans lequel les moments singuliers de cet Esprit, conscience, conscience de soi, raison et esprit, retournent et sont retournés comme dans leur fondement, alors ils constituent ensemble l'effectivité étant là de l'Esprit entier » (Phénoménologie de l'Esprit). En clair, la religion, les religions expriment l'idée et la réalité de l'Absolu, de Dieu.

Hegel introduit un lien étroit entre la religion et le peuple qui la professe. Elle est pour ce peuple un moyen d'unité et de rassemblement. Par elle, ce peuple se définit et s'identifie, mais aussi se distingue des autres peuples. Hegel retrouve ici l'une des origines étymologiques du terme de « religion » : « religere ou religare » : ce qui réunit des coreligionnaires. «La religion est le lieu où un peuple se donne la définition de ce qu'il tient pour le vrai… La religion d'un peuple est la conscience qu'a un peuple de ce qu'il est, de ce qui est suprême dans l'être ». Hegel a saisi comment une religion est constitutive de la conscience de la singularité qu'un peuple peut avoir de lui-même. Idée qui présentera dans les siècles futurs des aspects délétères.

Fidèle à son panlogisme historique et dialectique, Hegel montre comment les religions évoluent au cours de l'histoire afin d'être de mieux en mieux représentatives de l'Absolu divin. Dans les religions naturelles, le divin se manifeste sous la forme des forces telluriques qui écrasent l'homme et le renvoient à sa finitude. Puis, l'homme reconnaît l'Absolu et le représente sous des formes individualisées à travers les dieux grecs et les dieux romains à travers lesquels il entre en relation avec le divin. Enfin, avec le Christianisme, l'homme entre en contact avec Dieu de personne en personne. Avec cette religion « absolue ». « est supprimé le caractère unilatéral des deux premières. Le Soi est aussi bien un Soi immédiat que l'immédiateté est Soi… L'Esprit a alors la figure de l'être en soi et pour soi, puisqu'il est représenté comme il est en soi et pour soi ; c'est là la religion manifestée » (P.E.).

Hegel récuse les accusations de panthéisme qui lui furent adressées. Pourtant il rejette la réalité d'un Dieu transcendant. Sa pensée est celle de l'immanence où le divin se confond et s'identifie avec la totalité du réel. Le Dieu de Hegel n'est pas non plus le dieu théiste des Lumières françaises. Le Dieu d'Hegel n'est pas un esprit conscient posant librement le monde. Plusieurs conceptions du Dieu hégélien ont été avancées par ses commentateurs. La plus fidèle serait qu'Hegel divinise l'esprit humain parvenu au Savoir total et absolu. « Il semble que pour lui la conscience que Dieu a de lui-même n'est rien de plus que la conscience que l'homme a de Dieu. C'est dans l'homme que Dieu a conscience de soi ». (R.Serreau, Hegel et l'hégélianisme, p. 59.60).

i) La philosophie

La philosophie, pour Hegel, a pour but de relier véritablement le fini à l'infini, le mortel à l'immortel, l'homme à Dieu. Car cette union, dans la religion, reste prisonnière d'une scission : le divin et l'humain demeurent séparés. La philosophie a pour mission de dépasser cette scission. Certes elle exprime le même contenu que celui de la religion : l'Absolu, mais de façon conceptuelle, intelligible et rationnelle. Dans la philosophie, l'Absolu, d'abord Idée puis Concept, devient pleinement la Raison et surtout l'Esprit conscient de soi par la médiation de la conscience humaine. « La philosophie se propose de connaître l'impérissable, l'éternel, ce qui est en soi et pour soi, sa fin et sa vérité » (Leçons de l'histoire de la philosophie).

Hegel refuse le scepticisme qui ironise sur la diversité contradictoire des différents systèmes philosophiques. Pour lui, la découverte de la vérité se fait par et à travers la succession de ces différentes philosophies qui chacune pose un élément, une marche, vers la découverte du savoir total. «Je soutiens que la succession des systèmes de la philosophie est en histoire, la même que la succession des systèmes de la détermination que la notion de l'Idée en sa dérivation logique » (Logique). L'histoire de la philosophie représente donc un progrès constant, mais dialectique. Chaque philosophe en appelle un autre, apparemment contradictoire, en fait complémentaire. Comme dans les autres manifestations de l'esprit humain, manifestations et objectivations de la Raison, « hériter est en même temps recueillir et entrer en possession ; l'héritage est abaissé au rang de matière, que l'Esprit métamorphose. Ce que l'on a reçu est ainsi transformé, enrichi et en même temps conservé ». (LHP).

Hegel donne l'exemple de la pensée de Platon qui rassemble la philosophie de l'immobilité de Parménide et la philosophie du mouvement et du devenir d'Héraclite. Loin donc d'être un recueil de systèmes dépassés et contradictoires, l'histoire de la philosophie, « c'est la succession des nobles esprits, la galerie des héros de la raison qui pense, lesquels grâce à la raison ont pénétré dans l'essence des choses de la nature et de l'esprit, dans l'essence de Dieu et ont élaboré pour nous le trésor de la connaissance rationnelle ». (LHP). La grandeur des philosophes nous dit Hegel, c'est d'avoir pu dépasser leur factualité et leur finitude historique pour s'élever à des vérités intemporelles et éternelles.

Ainsi l'art, la religion, la philosophie constituent-ils les moyens humains privilégiés grâce auxquels l'Absolu se réalise, s'épanouit en Raison et prend conscience de lui comme Esprit universel. « L'Esprit est une unité unique et s'affirme dans son essentialité dans toutes ces sphères : l'art le présente comme image et comme intuition, la religion le représente et le vénère comme le Dieu ou l'Être ; enfin la philosophie le connaît et le saisit dans la pensée. (RH).

IV - ACTUALISATION

La conception de l'histoire de Hegel a été reprise par Marx. Mais ce dernier a profondément transformé la nature du mouvement dialectique responsable du moteur et du devenir de cette histoire. Chez Marx, la Raison hégélienne est devenue la matière sous la forme de la réalité économique et sociale.

Dans la première partie du XXe siècle, un géologue paléontologue et sinologue, le jésuite Teilhard de Chardin (1881–1955) qui a participé à la découverte du « Sinanthrope », a élaboré une vision de la totalité de l'histoire universelle qui s'inspire de celle de Hegel, tout en la christianisant.

Teilhard, qui a cherché à concilier science et foi, s'essaie à lire à travers le long cours de l'évolution cosmique biologique et humaine la réalisation du projet divin de rassembler l'ensemble du cosmos, des vivants et des hommes en Christ. Sa pensée se présente non comme le panthéisme hégélien, mais comme un idéalisme, ou plutôt comme un spiritualisme, un « théocentrisme absolu ». Il n'hésite pas ainsi à parler d'un « Christ évoluteur ».

Teilhard, à travers ses différents ouvrages, en particulier le plus connu : *Le phénomène humain* montre que l'histoire universelle progresse de la matière inanimée constituant la « Biosphère » vers des formes vivantes plus complexes pour aboutir à une « hominisation » consciente et pensante. Et, selon lui, cette sphère d'hominisation : les différents hommes réunis à travers le temps et l'espace, est appelé à s'unifier dans la l'ère de la « Noosphère ». Celle-ci correspond à une meilleure entente, entraide et communication entre les hommes et prépare ainsi le passage au stade final : la pleine réunion de tous en Dieu. Un Dieu qui à travers son Verbe, le Christ, est « l'Alpha » et « l'Omega » de l'histoire universelle. À propos de ce processus Teilhard écrit dans le *Phénomène humain* : « Prolongées logiquement jusqu'au bout d'elles-mêmes, les perspectives scientifiques de l'humanisation déterminent au sommet de l'anthropogenèse l'existence d'un centre ou foyer de Personnalité et de conscience, nécessaire pour diriger et synthétiser la genèse historique de l'Esprit. Or, le point Oméga comme je l'ai appelé n'est- il pas la place idéale d'où faire rayonner le Christ que nous adorons ? ». (« Le Phénomène humain »).

Teilhard, hégélien, chrétien et mystique, savant et religieux, fut trop en avance sur son temps. Il fut, comme Galilée en 1633, réduit au silence par l'autorité ecclésiastique ! Et pourtant son but était de donner une vision spiritualiste de l'Histoire.

CONCLUSION

Le système hégélien, complet, total et fermé sur lui-même veut embrasser toute la réalité : celle de l'univers et celle de l'histoire humaine. Il peut, en ce sens représenter, peut-être jusqu'à la caricature, ce que cherche la pensée dans la démarche philosophique : penser et comprendre, d'une façon totale et absolue, le réel et le réduire à sa propre substance. Mais le réel est complexe, diversifié et multiforme. De l'ordre de l'existence, il est surgissement de l'être irréductible à la pensée. La réflexion philosophique ne saurait donc remplacer la vie, l'action, l'engagement. Cependant, elle a la capacité de donner un sens, une signification à l'existence, à la présence de l'existence. Hegel nous rappelle que pour bien assumer son existence et sa vie, il est nécessaire d'abord de les penser.

Chapitre 13
MARX (1818-1883)

INTRODUCTION

Le « matérialisme dialectique » et le « matérialisme historique » de Marx utilisent la méthode dialectique de Hegel tout en récusant sa philosophie idéaliste. De son long séjour en Angleterre, Marx en tire une analyse économique et sociale magistrale du capitalisme du XIX siècle, de son exploitation du travail salarié et des contradictions qui s'y développent. Contradictions qui ne peuvent se résoudre que par l'avènement de la Révolution socialiste, prélude à l'ère communiste.

La pensée de Marx est aujourd'hui datée et ses perversions ont donné lieu à d'immenses désastres humains et économiques que Marx ne souhaitait pas. Mais il reste de Marx une grille de lecture de l'économie et de la société qui conserve tout son intérêt.

I – LE CONTEXTE

On ne peut comprendre la pensée de Marx sans rappeler les conditions de vie de l'ouvrier du XIX siècle, siècle de la naissance du capitalisme. Mais il faut aussi faire mention des penseurs qui, avant Marx, ont tenté d'analyser ce capitalisme et de proposer des solutions à son inhumanité.

1) Le contexte économique et social

La pensée de Marx, sa genèse et son épanouissement se construisent en réaction à la réalité économique et sociale des années 1815–1871. Ces années voient l'ascension du capitalisme monopolistique remplaçant le capitalisme libéral des débuts. La population européenne passe de 200 à 300 millions, la grande industrie se développe en Grande Bretagne, en France, en Allemagne, mais aussi au Japon et aux U.S.A. Pour faire tourner les usines, les campagnes se dépeuplent. Mais de dures crises se succèdent, souvent en raison de mauvaises récoltes. Les prix agricoles augmentent réduisant encore le faible salaire des ouvriers. La production industrielle baisse faute d'acheteurs, en particulier dans le textile.

À partir de 1851, la situation s'améliore ; de nouveaux débouchés apparaissent, en lien en particulier avec les entreprises coloniales. Les salaires remontent, mais sont bien loin des profits réalisés. Les conditions de travail et de vie des ouvriers sont précaires, déstabilisées par l'introduction de nouvelles machines. La journée de travail est très longue, les jours de repos réduits au dimanche ; de nombreux jeunes enfants doivent travailler. La plupart des familles ne disposent que d'une simple pièce pour vivre ; la nourriture est médiocre, l'alcool et la prostitution font des ravages.

Devant cette situation, souvent désespérée, la classe ouvrière prend peu à peu conscience de son identité, de son exploitation, de son « aliénation » dira Marx. Des associations ouvrières se forment : le Chartisme, les Trade Union. Des grèves éclatent, mais la bourgeoisie industrielle prend aussi conscience de sa force. Elle s'oppose à la propriété mobilière et à la propriété foncière: elle milite pour le droit d'entreprendre et de commercer. Gagnée par l'appât du gain, elle se montre insensible à la misère ouvrière. « Cet âge de transformation rapide, de misère ouvrière et de prospérité capitaliste est celui de Marx : c'est dans cette situation et dans sa racine, l'exploitation capitaliste qui aliène le travailleur qu'il pense découvrir enfin la source de toutes les aliénations humaines ». (J.Y. Calvez, La pensée, de K . Marx p 36).

2) Le contexte philosophique et intellectuel

- Hegel (1770-1831).

Marx reconnaît à Hegel le privilège d'avoir saisi le travail du négatif de la contradiction qui dans la méthode dialectique fait avancer le processus d'ensemble. Mais il critique son idéalisme qui lui fait présupposer un sujet de l'histoire : l'Absolu divin. Pour Marx, le moteur de l'histoire n'est pas antérieur à celle-ci. Il est dans l'histoire ; il est cette histoire même dans son mouvement de développement des forces productives et des rapports de production. Il s'agit donc pour Marx de « remettre sur pied » ce que Hegel avait mis « sur la tête ». C'est dans la pratique et non dans la contemplation qu'une idée se jauge. D'où la célèbre phrase résumant le marxisme : « Les philosophes n'ont fait jusqu'alors qu'interpréter le monde de différentes façons ; maintenant il s'agit de le transformer ».

- Ludwig Feuerbach (1804 – 1872)

C'est surtout sous l'influence de Feuerbach et de la « gauche hégélienne » que Marx forme et construit sa pensée. Feuerbach, après avoir suivi les cours de Hegel, décide d'abandonner la théologie pour la philosophie. Accusé d'athéisme, il doit renoncer à une carrière universitaire. Son ouvrage principal est L'Essence du Christianisme, paru en 1841. Marx va emprunter à Feuerbach son matérialisme et son concept d' « aliénation ». Pour Feuerbach, Dieu n'est qu'un produit de la conscience humaine et la réalité n'est pas l'Esprit, mais le monde sensible.

Ce sont les hommes qui créent les dieux au cours de l'histoire, en projetant dans une supposée entité divine le meilleur d'eux-mêmes. Ils « réalisent », ils « objectivent » en Dieu les qualités les plus nobles de leur nature. Ce faisant, ils s'appauvrissent, deviennent étrangers au meilleur d'eux-mêmes : ils « s'aliènent ». « Les Dieux sont les vœux de l'homme réalisés ». La religion est donc une illusion, une dépossession de soi. « La religion, du moins la religion chrétienne, est le rapport de l'homme avec lui-même, ou plutôt avec son être, mais un rapport avec son être qui se présente différent… L'être divin n'est rien d'autre que l'être humain débarrassé des limites de l'homme individuel, c'est-à-dire réel et corporel… Pour enrichir Dieu, l'homme se fait pauvre afin que Dieu soit tout, l'homme doit n'être rien. (L'Essence du christianisme).

C'est avec Feuerbach que Marx comprend que la religion est « l'opium du peuple ». Et pour Marx, cette critique de l'aliénation religieuse va servir de modèle à toutes les formes d'aliénation. C'est avec Feuerbach que Marx conforte son matérialisme : « Ce n'est pas la conscience des hommes qui détermine leur existence, mais leur existence qui détermine la conscience ». Cependant, Marx reprochera à Feuerbach d'avoir abandonné la dialectique hégélienne ; l'homme ne fait pas que subir la nature, il la transforme.

- Charles Fourier (1772–1837).

Fourier fait partie des penseurs prémarxistes utopiques. Employé de boutique pour vivre, le soir il imagine un monde selon son cœur : le « phalanstère » : une association de travailleurs vivant en communauté qu'il présente comme un remède au capitalisme. Il expose cette utopie, en particulier dans *Le Nouveau Monde industriel et sociétaire*, paru en 1829. Le phalanstère est décrit comme l'association de petites unités autonomes construites sur un ordre moral et instituant une société idéale. La société harmonieuse ainsi créée doit permettre de satisfaire les passions fondamentales. Marx ne se privera pas de taxer d'utopique et d'idéaliste la pensée délirante de Fourier qui, selon lui, ne s'attaque pas à la racine du mal : l'exploitation capitaliste.

- Pierre Joseph Proudhon (1809-1865).

Proudhon est un journaliste, un économiste, un sociologue et un philosophe. Précurseur de la pensée anarchiste, c'est un penseur libertaire non étatique, c'est un partisan du fédéralisme et du « mutualisme ». De 1840 à 1842, il publie trois opuscules à propos de la propriété. Dans le premier, il écrit sa fameuse accusation : « La propriété, c'est le vol ». La propriété des moyens de production n'est que l'appropriation par un individu, le capitaliste, du travail collectif des ouvriers ; c'est donc un vol. La force produite par plusieurs ouvriers dans une usine produit bien plus que l'addition des forces individuelles séparées. Or le capitaliste paye individuellement chaque ouvrier ; il vole donc le surplus de valeur que produit le travail collectif. Pour Proudhon, cette forme de propriété est donc un obstacle à l'instauration d'une vraie égalité entre les hommes.

À Lyon, Proudhon fréquente des associations mutuelles d'ouvriers qui renforcent son idée selon laquelle le peuple n'a besoin ni de maîtres ni de chefs. À Paris, il rencontre Marx qui voit en lui le seul vrai socialiste français « libéré de la pensée chrétienne de charité ». Il écrit de lui : « Son ouvrage est un manifeste scientifique du prolétariat français ». Marx lui propose d'être son correspondant pour la France. Mais les deux hommes n'ont pas la même conception du socialisme. Marx milite pour une prise du pouvoir par les ouvriers, Proudhon est un anarchiste qui récuse tout pouvoir.

Proudhon envisage l'évolution sociale comme une destruction graduelle de l'État. « Être gouverné, c'est être gardé à vue, inspecté, espionné, dirigé, légiféré, règlementé… ». Il conçoit la société future comme un ensemble d'associations fédératives où l'atelier remplace le gouvernement et par lesquelles sont supprimés « l'un après l'autre tous les rouages de cette grande machine qui a le nom de gouvernement ». Marx qui militera pour l'instauration de la dictature du prolétariat ne suivra pas la pensée de Proudhon. Mais il partage avec lui la condamnation de la propriété privée des moyens de production.

II - BIOGRAPHIE

Une grande partie de la vie de Marx fut celle d'un proscrit soumis à la surveillance policière et en butte à de perpétuels soucis d'argent, mais vivant cependant en patricien victorien. Il passera une grande partie de son temps à la bibliothèque du British Muséum à se documenter sur l'économie. À travers les étapes de sa vie se dessine le mouvement de sa pensée.

Marx naît à Trêves en 1818 dans une famille de bourgeoisie prussienne. Son père est un protestant libéral et rationaliste qui a lu Rousseau et Voltaire. Étudiant la philosophie à Berlin, il devient un « hégélien de gauche », mouvement qui cherche à construire une interprétation athée et révolutionnaire de Hegel. Il se lie en particulier avec Bruno Bauer qui partira enseigner la théologie pour mieux la critiquer. En 1841, Marx soutient à Iéna une brillante thèse de doctorat sur la *Différence de la philosophie naturelle chez Démocrite et Epicure*.

Ne trouvant pas un poste universitaire dans la Prusse réactionnaire de Frédérique Guillaume IV, Marx se tourne vers le journalisme. Il devient un collaborateur de la Gazette Rhénane, journal d'opposition au clergé catholique ; il en renforce le caractère révolutionnaire. En 1843, il se marie avec une amie d'enfance Jenny Von Westphalen avec qui il aura plusieurs enfants. Cette même année, la Gazette est interdite.

Marx se réfugie à Paris, y rencontre des groupes d'ouvriers socialistes. Il adhère à la Ligue des communistes. Marx comprend peu à peu qu'il faut passer à l'action sociale révolutionnaire. En 1844, à Paris, il rencontre Engels, fils d'un grand capitaliste anglais, d'une culture encyclopédique et qui connaît bien la condition ouvrière. Au contact d'Engels avec qui il restera ami toute sa vie, Marx se documente sur la puissance industrielle et financière de l'Angleterre et précipite sa mue politique. Ensemble, ils théorisent les principes d'un communisme qui se veut scientifique et écrivent une série d'ouvrages dont *La Sainte famille*, *L'idéologie allemande*, « *Misère de la philosophie* », qui marquent une rupture avec l'anarchisme de Proudhon.

Mais en 1845, Marx est expulsé de France et gagne la Belgique. Il vient de publier : *Contribution à la Critique de la Philosophie du droit de Hegel*. Chargé de rédiger le programme de la Ligue des Communistes, il écrit avec Engels le *Manifeste du Parti communiste*, publié en 1848, le pamphlet politique le plus lu au monde. Obligé de quitter la Belgique, il profite de la Révolution de 1848 pour rentrer en France. De Paris, il gagne Cologne ; mais est de nouveau expulsé. Il se réfugie définitivement à Londres en 1849.

Il y vit dans la misère, subsistant grâce à l'aide généreuse d'Engels et les maigres honoraires que lui procurent ses articles pour les journaux. En 1852, il écrit *Le 18 Brumaire de Louis Bonaparte*, qui critique le coup d'État de ce dernier. Marx poursuit ses recherches en économie politique qui lui serviront à l'écriture de sa grande œuvre : Le Capital. En 1864, est fondée la « Première Internationnale » : l'association internationale des travailleurs, pour laquelle il écrit le manifeste de présentation. En 1871, il publie : *La guerre civile en France*. Marx devient sinon célèbre, du moins une référence incontournable pour le mouvement ouvrier. L'échec de la Commune l'amène à réfléchir sur les modalités de l'action politique et sur le communisme scientifique qui correspond au mouvement de l'histoire et qui doit advenir progressivement par la conquête du pouvoir politique par la classe ouvrière.

En 1867, paraît le livre I du *Capital*, ouvrage dont disait Marx qu'il serait « certainement le plus redoutable missile qui ait été lancé à la tête de la bourgeoisie ». Ce livre aura une destinée universelle et changera la face du monde. Engels, après la mort de Marx, rassemblera les notes laissées pour achever la rédaction du *Capital* de 1885 à 1894. Vers 1879, Marx pressent le rôle révolutionnaire que jouera un jour la Russie en raison du pouvoir réactionnaire du pouvoir tsariste et l'effet révolutionnaire universel qui en résultera. Le 24 mars 1883, Marx décède d'un abcès au poumon. À son enterrement, seules onze personnes seront présentes, dont ses filles.

Au cours de son existence, la pensée de Marx s'est structurée selon trois axes : la nécessité de libérer l'homme des différentes « aliénations » qui le dépossèdent de lui-même ; réhabiliter l'homme par le mouvement communiste ; utiliser la méthode dialectique. En 1913, Lénine résumera la pensée de Marx ainsi : « La doctrine de Marx est le successeur de tout ce que l'humanité a créé de meilleur au XIXe siècle : la philosophie allemande, l'économie politique anglaise et le socialisme français ».

III – LA PENSÉE DE MARX

1) Le matérialisme dialectique

Si Marx refuse l'idéalisme hégélien, il en garde la méthode dialectique appliquée à l'histoire humaine dont l'évolution est commandée par la matière, c'est-à-dire les conditions économiques et sociales : les forces productives et les rapports sociaux de production. Cette évolution se développe à la suite de conflits et de luttes, des contradictions entre le développement des forces de production et les rapports de production, en clair par la lutte des classes. C'est dans ces modes de production que s'opposent les contraires et les antagonismes et non entre les idées qui ne sont que les reflets de conditions économiques. Et, il est vain de vouloir concilier ces contraires dans des synthèses arbitraires comme tentent de le faire les politiques réformistes. Il faut pousser jusqu'à leur terme les contradictions économiques et sociales jusqu'à ce que l'une des deux classes qui s'opposent, les prolétaires et les capitalistes, instaure un nouveau type de société. Des changements quantitatifs au niveau des forces de production ne peuvent qu'entraîner des changements qualitatifs au niveau des rapports de production.

Le travail de la négation, de la contradiction, est le moteur de l'histoire humaine. En cela pour Marx, la dialectique est profondément révolutionnaire. En raison du mouvement dialectique de l'histoire, toute société porte en elle ses propres contradictions qu'elle développe au cours de son évolution, pour donner naissance à un nouveau type de société plus avancé. Ainsi, la société capitaliste engendre, de par les contradictions qu'elle porte en elle, la société socialiste, puis communiste. La dialectique est la mère de l'histoire.

C'est cette thèse qu'Engels et Marx affirment dès les premières phrases du *Manifeste du Parti communiste*, « L'histoire des sociétés n'a été que l'histoire des luttes de classes. Hommes libres et esclaves, patriciens et plébéiens, barons et serfs, maîtres de jurandes et compagnons, en un mot oppresseurs et opprimés, en opposition constante, ont mené une guerre ininterrompue, tantôt ouverte, tantôt dissimulée ; une guerre qui toujours finissait par une transformation révolutionnaire de la société tout entière ou par la destruction des deux classes en lutte ».

Posant un regard récapitulatif sur toute l'histoire humaine, Marx distingue cinq types de sociétés caractérisées chacune par un mode de production spécifique et qui se sont succédé dialectiquement. Le communisme primitif des sociétés archaïques sans propriété et sans État fut détruit et remplacé par le mode de production antique opposant les maîtres et les esclaves. Ce second mode de production fut vaincu et donna naissance au mode féodal, lui-même détruit par le mode de production capitaliste. Ce dernier ne peut, par le mouvement de ses propres contradictions, que donner naissance au mode de production communiste par la victoire des prolétaires. Et le moteur de cette évolution a toujours été le même : les tensions et les luttes entre la classe dominante et la classe opprimée.

À propos des expressions : « matérialisme dialectique » et de « matérialisme historique » précisons qu'elles ne viennent pas de Marx lui-même, même si elles sont conformes à sa pensée. Ce sont Lénine et Staline qui les ont introduites pour signifier que l'histoire des sociétés a pour moteur le travail de la négation et de l'opposition entre les classes sociales.

2) Le matérialisme historique

L'expression matérialisme historique a pour vertu de marquer l'opposition entre Hegel et Marx. Et la volonté de ce dernier de « remettre sur pieds » ce qui marchait « sur la tête ». Ce n'est pas la conscience, ce ne sont pas les idées qui mènent le monde, ainsi que le pensait Hegel, c'est le rapport de l'homme avec la matière et avec la nature, dans l'acte du travail. Le mode de production de la vie matérielle conditionne les processus d'ensemble de la vie sociale, politique et spirituelle. À chaque moment, la structure économique de la société constitue le fondement réel par lequel doit s'expliquer, en dernier ressort, toute la superstructure des institutions juridiques et politiques ainsi que les conceptions religieuses, philosophiques et artistiques.

Toutes les créations institutionnelles et spirituelles dépendent de la structure économique, en langage marxiste du « mode de production » ou « infrastructure ». Ce mode de production comporte deux éléments essentiels : les « forces de production » et les « rapports de production ». Les forces productives sont constituées par les richesses naturelles, les techniques et la force de travail de l'homme. Les rapports de production désignent les conditions humaines et sociales dans lesquelles ces forces productives sont actionnées. Il s'agit des rapports économiques et sociaux qui se créent entre les hommes lors de la production : rapports maître – esclave, seigneur – serf, bourgeois – ouvrier. Cette organisation économique et sociale du travail dépend de ce que sont les forces de production, de leur utilisation, de leur changement et de leur évolution. Marx donne l'exemple de l'introduction de la machine à vapeur au XIX siècle qui a modifié complètement l'organisation du travail et les rapports de production. Pour Marx, le mode de production est fondamental et caractérise une société.

C'est à partir de cette « infrastructure » que se construit ce que Marx appelle : la « superstructure » : le droit, la politique, la religion, la morale, l'art, la philosophie. Cette superstructure détermine l'être et l'existence de chaque individu, sa conscience, ses idées, ses choix, ses valeurs. La « superstructure juridique et politique » comporte : les institutions politiques et juridiques, le statut légal de la propriété, la forme de l'État. Elle conditionne la « superstructure idéologique » : la religion, la philosophie, les arts. Ce qui n'est pas des créations libres et autonomes. Elles ne sont que les reflets, les images de la « superstructure juridique et politique » et plus fondamentalement des « modes de production », de l' « infrastructure ».

Pour Marx, à la différence de Hegel pour qui l'État est un moment de réalisation de la Raison, l'État est la superstructure type en qui se reflète, sous une apparence juridique, le mode de production capitaliste et donc l'exploitation des hommes. Il exprime, tout en le cachant par l'idéologie, le mode de production en mettant à son service l'armée, la police, la circulation de l'information, le système éducatif. « Au fur et à mesure que le progrès de l'industrie moderne se développait… le pouvoir d'État prenait de plus en plus le caractère d'un pouvoir national du Capital sur le travail, d'une force sociale organisée aux fins d'asservissement social, d'un appareil à domination de classe », (La guerre civile en France).

Quant aux « superstructures idéologiques » : religion, philosophie, arts, elles ne sont que des reflets, dans la conscience et la pensée, du mode de production matériel. De plus, la classe dominante renforce son pouvoir et sa domination par cette superstructure idéologique. Elle n' est que la ruse, l'idéologie, utilisée par cette classe pour faire accepter sa domination sur la classe des prolétaires. Elle n'est donc en fait que le moyen et le signe de l'aliénation de la classe exploitée. Cette dernière croit que ses idées, ses croyances, ses valeurs, sont d'origine divine alors qu'elles ne sont que les marques de son exploitation et de son asservissement.

3) Le mode de production capitaliste

Son étude constitue le cœur du marxisme et l'analyse en est détaillée dans le *Capital* ; le *Manifeste* du Parti communiste en est une bonne synthèse.

a) La bourgeoisie

Dans la note pour l'édition anglaise de 1888 du *Capital*, Engels définit ainsi la bourgeoisie : « On entend par bourgeoisie la classe des capitalistes modernes, propriétaires de moyens de production sociale et qui emploient le travail salarié ». Pour Marx, l'avènement de la bourgeoisie constitue un fait tout à fait nouveau dans l'histoire, car avec elle, naît la grande industrie fondée sur une exploitation rationnelle des ressources naturelles, financée par l'accumulation du capital et développée grâce au commerce mondial. En cela la bourgeoisie est révolutionnaire. Et Marx n'hésite pas à saluer son arrivée comme un progrès : « La bourgeoisie a joué dans l'histoire un rôle éminemment révolutionnaire ». (Manifeste). Elle a « créé des forces productives plus variées et plus colossales que toutes les générations passées prises ensemble ». (Manifeste). Ce faisant, elle a libéré l'homme des déterminations ancestrales qui pesaient sur lui, transformant celui-ci en individu apparemment libre et autonome.

De même, cette bourgeoisie a transformé considérablement ce qu'était l'État en s'emparant du pouvoir. « Le gouvernement moderne n'est qu'un comité administratif des affaires de la classe bourgeoise ». (Manifeste). Mais la liberté individuelle que l'individu a apparemment gagnée, n'est qu'un leurre. Certes, les liens traditionnels et figés ne pèsent plus sur lui, mais ces liens étaient communautaires et chaleureux. Désormais, l'individu est soumis à l'oppression froide et inhumaine de l'exploitation capitaliste qui ne laisse : « subsister entre l'homme et l'homme d'autre lien que le froid intérêt, que la dure exigence du paiement au comptant... Une exploitation ouverte, directe, brutale et éhontée ». (Manifeste).

b) Le prolétariat

Marx et Engels définissent ainsi le prolétariat : « La classe d'ouvriers salariés modernes qui ne possèdent aucun moyen de production, en sont réduits à vendre leur force de travail ». Cette classe d'ouvriers salariés modernes est par excellence la classe exploitée. Exploitation qui se manifeste sous trois aspects principaux : la transformation que subit le travail, la fixation du salaire et la signification que revêt l'objet fabriqué.

Le travail du prolétaire ne lui appartient pas puisqu'il vend sa « force de travail », c'est-à-dire « l'ensemble de toutes les facultés physiques et intellectuelles qui existent dans le corps de la personnalité vivante d'un homme et qu'il met en mouvement toutes les fois qu'il produit une valeur d'usage quelconque ». (Le Capital). En étant obligé de travailler pour vivre dans sa situation d'exploitation, il se dépossède de lui-même, de ce qu'il est, de ce qu'il fait. Il « s'aliène », il devient étranger à la part de travail qu'il a cédée au capitaliste. Le produit de son travail, l'objet fabriqué, lui échappe. Il devient la propriété du capitaliste qu'il enrichit et qui renforce ainsi sa domination.

Le travail, activité spécifiquement humaine à travers laquelle l'homme développe ses capacités et ses talents, se retourne contre l'ouvrier. « Plus l'ouvrier produit… plus il crée de la valeur, plus il se déprécie et voit diminuer sa dignité ; plus son produit a de forme, plus l'ouvrier est difforme, plus son objet est civilisé, plus l'ouvrier est barbare ». (Le Capital). De plus le travail à l'usine, à la chaîne, fait de l'ouvrier « un homme tronqué, fragmentaire ou l'appendice d'une machine ». Les conditions de production « substituent au travail attrayant, le travail forcé ; elles rendent les conditions dans lesquelles le travail se fait de plus en plus anormales et soumettent l'ouvrier durant son service à un despotisme aussi illimité que mesquin ; elles transforment sa vie entière en temps de travail ». (Le Capital).

Le travail ouvrier n'est donc plus qu'une marchandise qui se vend et s'achète. Et comme toute marchandise, elle est évaluée par la quantité de la force de travail nécessaire à sa production, à sa conservation et à sa reproduction. Le salaire consenti à l'ouvrier est donc réduit au minimum, au minimum vital : ce que coûte la production, la conservation et la reproduction de la force de travail de l'ouvrier. Le salaire est calculé au plus juste : ce qu'il faut consommer pour que l'ouvrier puisse retourner à l'usine le lendemain. « Pour pouvoir développer et entretenir sa vie, il faut qu'il consomme une quantité déterminée de moyens de subsistance... il lui faut une autre quantité de ces même denrées de première nécessité pour élever un certain nombre d'enfants qui puissent le remplacer sur le marché du travail et y perpétuer la race des travailleurs ». (Le Capital).

c) La « plus-value »

L'exploitation capitaliste se manifeste en particulier par la création de la « plus-value ». Le capitaliste fait travailler le prolétaire pour une valeur marchande plus grande que la valeur du salaire qu'il lui paie, pour un temps plus important que le temps nécessaire à la production et à la conservation de la force du travail salariée. Il y a donc un temps de travail effectué non payé qui engendre une plus-value pour le capitaliste. Cette plus-value constitue, pour Marx le noyau de l'exploitation, car ce « surproduit » créé correspond à une spoliation et ne fait que renforcer le capital. Cette plus-value est selon Lénine : « la pierre angulaire » sur laquelle se construisent l'exploitation et l'aliénation du prolétaire, un « surtravail » créant un « surproduit ». Le travail ouvrier est ainsi devenu une marchandise singulière qui a la propriété de produire, à son tour, une valeur plus élevée que sa propre valeur de marchandise. L'ouvrier rapporte plus au patron que ce qu'il lui a coûté.

En raison de cette plus-value, le travail de l'ouvrier au lieu d'enrichir celui-ci enrichit le capitaliste. Plus grave encore, le travail salarié n'est plus considéré comme le signe du labeur, de l'intelligence et de la volonté du prolétaire, mais comme une force étrangère. Il se dresse face au travailleur, contre lui, évalué seulement pour sa valeur financière de marchandise. C'est ce que Marx appelle le « fétichisme » de la marchandise. Par une sorte d'illusion, un caractère « mystique » immanent est conféré au travail considéré comme simple marchandise, alors qu'il est le fruit du labeur et des efforts de l'ouvrier.

d) Les contradictions du capitalisme

L'histoire du capitalisme n'est pas uniforme et régulière. Comme tous les autres modes de production, son histoire dialectique est faite de périodes d'expansion et de récession. Il connaît des contradictions et des crises. Du fait même que le capitaliste paie un salaire minimum aux prolétaires, ces derniers n'arrivent plus à acheter les produits qu'ils fabriquent. Il en résulte des crises de surproduction qui créent du chômage. Pour répondre à ces crises, le capitalisme se lance dans des guerres qui ne lui sont pas toujours favorables.

Les crises succèdent aux crises, la concurrence devient de plus en plus rude. Les petits patrons font faillite et viennent grossir le rang des prolétaires. Mais plus le nombre de ceux-ci croît, plus se renforce la conscience qu'ils ont d'eux-mêmes, de leur situation et de leur exploitation. Peu à peu, le capitalisme engendre par son propre mouvement dialectique ses propres « fossoyeurs ». Ceux-ci deviennent de plus en plus nombreux en raison de la concentration du capital dans les grandes usines où règne le travail à la chaîne.

C'est alors qu'apparaît la contradiction majeure inhérente au capitalisme. Par le fait de la concentration de la production dans d'immenses usines, cette production se fait de plus en plus collective et sociale alors que la propriété des instruments de travail devient de plus en plus concentrée en quelques mains. L'opposition devient complète entre le mode de production collectif et le mode de propriété individuel. Pour Marx, cette contradiction, comme toute contradiction, doit être résolue par un renversement dialectique : la Révolution et l'instauration du Socialisme.

e) La Révolution

Le capitalisme, de par ses propres contradictions, engendre sa perte. Le prolétariat, devenu universel par son nombre, concentre entre ses mains la force de travail. Il est aussi universel, car, en raison même de sa pauvreté, il devient dénué de toute caractéristique propre et donc apte à rassembler et représenter toute la misère du monde.

Alors se déclenche la Révolution socialiste, « avec la fatalité qui précède aux métamorphoses de la nature ». Elle abolit la propriété privée des instruments de production qui deviennent collectifs, comme les moyens de production déjà devenus collectifs.

Cette Révolution institue le prolétariat en classe dominante. Celui-ci prend la tête du développement de l'histoire en instituant la « dictature du prolétariat ». Cette dictature qui est « une violation du droit de propriété et du régime bourgeois de production », est essentiellement une « abolition de la propriété privée » des moyens de production et d'échange.

f) Le Socialisme

Grâce à cette Révolution, l'histoire et l'économie entrent dans une nouvelle phase : la phase socialiste qui se caractérise par de nouveaux rapports de production et une nouvelle organisation de la société selon lesquels les intérêts généraux l'emportent sur les intérêts particuliers. Les travailleurs enfin jouissent du fruit de leur travail dans un esprit de justice et de fraternité. La formule du socialisme s'exprime ainsi : « A chacun selon son travail ». Le prolétaire est enfin devenu maître de sa force de travail.

À noter que, dans le socialisme, les relations entre les hommes restent dans le cadre du droit bourgeois du travail. La rémunération de chacun est proportionnelle à la quantité de travail accompli. Travail qui reste la grande unité de mesure. L'homme est encore considéré essentiellement comme un travailleur.

g) Le Communisme

Un nouveau moment de l'histoire est donc nécessaire pour opérer une libération complète de l'homme et son total épanouissement. C'est le stade communiste qui ne s'installe qu'après un long et douloureux enfantement. Communisme que Marx résume ainsi : « De chacun, selon ses capacités ; à chacun selon ses besoins ». L'apparition de ce dernier stade de l'histoire nécessite des conditions précises : un immense développement des forces productives et l'application du programme communiste à l'ensemble des hommes.

Marx s'est toujours refusé à définir ce que sera véritablement le communisme, sinon comme un mouvement qui permettra aux hommes d'être pleinement maîtres d'eux-mêmes et de la nature, de produire librement leurs relations sociales, de s'épanouir d'une façon illimitée dans une société sans classe. Pour Marx, le communisme est moins un « état » qu'un « idéal ». Il est le début de la véritable histoire de l'humanité qui est à construire.

IV – ACTUALISATION

L'application réelle et historique du marxisme, ou plutôt de l'idéologie marxiste revisitée par Lénine, Staline et Mao, a été un drame et un échec. Un drame pour des millions d'hommes et de morts. Un échec cuisant pour l'économie socialiste des pays communistes. Les auteurs du « Livre noir du communiste » en ont dressé un bilan épouvantable. Les quelques pays actuels se revendiquant encore du communisme tels la Chine, le Vietnam sont devenus des pays capitalistes gouvernés par un Parti dictatorial. Quant à la Corée du Nord, elle est aux mains d'une mafia familiale.

Et pourtant l'analyse économique et sociale de Marx demeure une grille de lecture pertinente de la réalité économique et sociale de beaucoup de pays en voie de développement qui, au bénéfice des consommateurs européens, exploitent dans des conditions inhumaines le travail salarié de leur ouvrier. Pour ce qui est des pays occidentaux, cette grille de lecture n'a pas perdu toute sa valeur. Aujourd'hui, la véritable opposition en termes marxistes n'est plus entre capitalistes et prolétaires, mais entre ceux qui profitent du mouvement de la mondialisation et ceux qui restent sur les bas-côtés : les « outsiders » et les « insiders », les « nomades » nantis et les « sédentaires » déclassés, les cadres des « métropoles » et les ruraux de la « périphérie ». Cette opposition ne cesse de croître et crée une véritable fracture sociale. Fracture qu'analyse avec clarté le récent livre de Ch.Guilly : « No société ».

Cette fracture est aussi celle qui se creuse entre les élites et les classes moyennes. Les élites pratiquent l'entre-soi, se protègent du peuple en vivant dans des résidences sécurisées. Elles gouvernent au nom des principes technocratiques. Quant aux classes moyennes trop imposées et trop taxées, elles ressentent un profond déclassement, non seulement économique, mais culturel et identitaire. Cette scission ne peut demeurer ; elle menace le « vivre-ensemble » et la démocratie. Elle doit être dépassée si la démocratie veut perdurer.

CONCLUSION

Le Manifeste du Parti communiste, moindrement Le *Capital* en raison de sa difficulté de lecture, reste avec la Bible, un des livres les plus lus au monde. Comme la Bible, il a changé la face du monde. Mais l'histoire a jugé ce que furent les essais du communisme : une utopie mortifère aux mains d'une classe dirigeante prévaricatrice. L'idéologie du « paradis rouge » a montré ce qu'elle était. Mais l'histoire humaine reste à construire, avec les passions des hommes, pour le moins pire possible. Et l'analyse marxiste peut nous y aider.

6e PARTIE
LA PHILOSOPHIE TRAGIQUE

Schopenhauer
Nietzsche
Kierkegaard

Abréviations utilisées :

M.V.R. : Le Monde comme Volonté et Représentation : Schopenhauer

Chapitre 14
SCHOPENHAUER (1788-1860)

INTRODUCTION

Avec Schopenhauer se dessine une rupture dans l'histoire de la philosophie moderne. À partir de lui, la raison perd son statut fondateur au profit de la volonté, non pas une volonté humaine individuelle, mais une volonté aveugle et irrationnelle, un vouloir-vivre dont les forces naturelles et les êtres vivants ne sont que la manifestation. Schopenhauer en tire un regard pessimiste sur l'existence humaine, regard qui rejoint la vision hindouiste et bouddhiste dont il a subi l'influence. Pour échapper à cette volonté sans finalité, l'homme doit renoncer aux désirs à travers lesquels elle s'exprime et s'adonner à la contemplation artistique et à la pratique de l'ascèse.

I – LE CONTEXTE

Schopenhauer a été fortement marqué par la philosophie de Kant dont il se dit le véritable successeur, en se démarquant des post-kantiens Fichte et Schelling. Mais, peu à peu, sous l'influence des philosophies orientales, Schopenhauer va s'éloigner de Kant en affirmant que la « chose de soi », le « noumène », n'est pas si inconnaissable que le professe Kant.

Schopenhauer va s'initier aux philosophies orientales sous l'influence de Friedrich Hajer. Celui-ci, à l'occasion de ses études religieuses, il est fils de pasteur, va s'intéresser à l'hindouisme et au bouddhisme. Au XIXe siècle, suite aux conquêtes coloniales et au travail des missionnaires en Asie, l'étude de ces religions se développe, ainsi que l'accès aux textes fondateurs. En 1813, Friedrich Hajer fait connaître à Schopenhauer le texte des *Upanishad*, textes sacrés hindous datant de -700 -300 av.JC., qui réinterprètent les *Veda*, les textes en sanscrit attribués aux révélations de Brahma (-1800). Brahma est un des principaux dieux du panthéisme hindou dont les quatre têtes et bras symbolisent l'omniscience et l'omnipotence.

Les *Veda* se composent de quatre recueils de prières, d'hymnes et de formules se rapportant aux sacrifices et à l'entretien du feu. À la suite des *Veda*, les *Upanishad* prônent la nécessité de se libérer du cycle des renaissances grâce à la découverte de l'illusion qu'est la vie individuelle. Pour se libérer des désirs qui attachent illusoirement l'individu à son « je », l'homme doit s'efforcer de connaître sa véritable nature en s'identifiant à l'Atman, à Brahma, qui est le Soi divin impersonnel. Cette prise de conscience désamorce le cycle infernal des réincarnations qui occasionnent souffrance et malheur.

Cette conception pessimiste de la vie humaine, prisonnière de son attachement à son individualité, marquera profondément la pensée de Schopenhauer. Elle sera renforcée chez lui par la lecture de textes bouddhistes allant dans le même sens. Le prince Siddhartha Gautama (VI-Vème siècle), devenu le Bouddha par l' « éveil » et l' « illumination », apprend à ses disciples qu'il n'y a rien de bon en cette vie enchaînée aux désirs. Le salut consiste à supprimer tout attachement, toute convoitise et à emprunter le chemin à huit branches concernant la vision, la parole, la conduite, les moyens d'existence, la mémoire, la méditation, la croyance et la volonté pure.

Schopenhauer sera le premier philosophe occidental à découvrir les philosophies orientales et à en tenter une synthèse avec les philosophies de l'Occident. Il écrit : « Les écrits de Kant, tout autant que les livres sacrés des Hindous et de Platon, ont été, après le spectacle saisissant de la nature, mes plus précieux inspirateurs ». Il dira encore : « Bouddha, Eckhart (1260-1328, théologien mystique rhénan) et moi-même, nous enseignons pour l'essentiel, la même chose ».

II - BIOGRAPHIE

Arthur Schopenhauer naît en 1788 à Dantzig, d'un père qui veut faire de son fils un citoyen du monde. À 9 ans, il passe deux ans au Havre pour étudier le français. Ayant entrepris des études commerciales, il accompagne son père à travers les grandes villes européennes ; il acquiert ainsi une grande ouverture d'esprit. Il est attiré par la littérature, mais dissuadé par son père, il devient employé dans l'entreprise familiale. À la mort de ce père, son épouse vend le fonds de commerce et tient un salon littéraire que fréquente le grand écrivain Goethe (1749-1832). Schopenhauer profite de ce salon pour revenir à des études classiques ; il lit Platon, Aristote, Spinoza et Kant. En 1813, l'orientaliste Friedrich Hajer l'initie aux philosophies orientales. À Berlin, Schopenhauer suit les cours de Fichte qui le déçoit. En 1814, il passe sa thèse de philosophie : *De la quadruple racine du principe de raison suffisante.*

Il s'installe alors à Dresde où il écrit sa grande œuvre : *Le Monde comme Volonté et comme Représentation*, publiée en 1818 ; ouvrage dans lequel il prétend dépasser l'impossibilité kantienne de connaître les noumènes. Il devient Chargé de cours à l'université de Berlin où il se trouve en concurrence avec Hegel qu'il méprise. Mais il n'a pas d'étudiants ; aussi quitte-t-il l'Université pour l'Italie.

En 1823, il fait une forte dépression suite à l'échec de la grossesse de sa maîtresse. Ayant déjà vécu un autre drame féminin, il décide de rester seul. Regardant sa vie, il écrira : Si par moment, je me suis senti resté malheureux, ce fut alors par une suite de méprise, d'une erreur sur la personne. Je me suis pris pour un autre que celui que je suis, et je me lamentais sur la misère de cet autre ; par exemple, je me suis pris pour un chargé de cours qui n'est pas promu titulaire de sa chaire et n'a pas d'auditeurs… Je suis celui qui a écrit Le Monde comme Volonté et comme Représentation et qui a apporté une solution au grand problème de l'existence… C'est celui-là, moi, et qui est-ce donc qui pourrait inquiéter celui-là dans les années qui lui restent à vivre ».

Après avoir essayé de relancer sa carrière universitaire à Berlin, il se fixe définitivement à Francfort où il vit de ses rentes en ermite avec son chien. En 1839, l'Académie de Norvège prime son nouvel ouvrage : *De la volonté dans la nature* joint à un essai sur les fondements de la morale. Sa pensée est enfin reconnue ; la seconde puis la troisième édition de son grand ouvrage connaissent un immense succès. En 1851, il publie *Parega et Paralipomera* : *Accessoires et Restes*. Vers la fin de sa vie, ironisant sur lui, il écrit : « Je me sens étranger avec mon actuelle gloire… Voilà ce que je ressens être, un attardé, un survivant, alors qu'on donne déjà la comédie de ma gloire ». Suite à une pneumonie, il meurt en 1800 faisant de son caniche son légataire universel !

III – LA PENSÉE DE SCHOPENHAUER

1) Le projet

Avec son livre : *Le Monde comme Volonté et comme Représentation*, Schopenhauer ouvre une nouvelle page dans l'histoire de la philosophie : celle des « philosophes du soupçon » selon la désignation du phénoménologue et existentialiste Paul Ricœur (1913-2005). Marx (1818-1883), Nietzsche (1844-1900) et Freud (1856-1939), s'illustreront dans cette philosophie critique, « généalogique » qui cherche à mettre à jour sous la partie claire de la conscience : « le monde de la représentation », une partie souterraine inconsciente : « le monde de la volonté ». Au XXe siècle, cette philosophie donnera naissance aux penseurs de la « déconstruction » : Foucault, Deleuze, Derrida. La philosophie du soupçon vise à dénoncer la vision rationaliste et optimiste des philosophies antérieures. Elle s'intéresse à la part instinctive et pulsionnelle de l'homme, ce que Schopenhauer appelle « la Volonté », dont la partie consciente : « la Représentation », n'est que la face émergée. À ce propos, Luc Ferry écrit : « La représentation, d'un côté, c'est la surface, le sommet de l'iceberg, le monde illusoire de la conscience et, de l'autre côté, le vouloir, la volonté, le règne des forces aveugles et souvent inconscientes, infiniment plus important, comme dans tout iceberg qui se respecte, que ce qui émerge à la surface ». (« Sagesses d'hier et d'aujourd'hui, fasc.13, p0.14). Ce sont ces deux mondes dont le premier n'est que l'expression du second que Schopenhauer analyse à travers sa philosophie.

2) Le monde comme Représentation

Grâce à l'expérience sensible et à la connaissance scientifique, l'homme pose devant lui des objets extérieurs qu'il connaît. Mais ce monde extérieur n'est pas la copie exacte de la réalité nous dit Schopenhauer, en bon disciple de Kant. Il est construit à partir des formes de la sensibilité et des cadres de l'entendement de l'esprit humain. Le réel, tel qu'il est en soi : les « choses en soi », est inconnaissable. Notre connaissance n'est donc qu'une « représentation subjective », un « théâtre illusoire ». « Le monde est ma représentation ». Cette proposition est une vérité pour tout être vivant. Chez l'homme elle se transforme en connaissance abstraite et réfléchie. Elle devient réflexion philosophique, c'est-à-dire la de ne connaître ni un soleil, ni une terre, « mais seulement un œil qui voit le soleil, une main qui touche cette terre ; il sait en un mot, que le monde dont il est entouré n'existe que connu dans un rapport avec un être percevant, qui est l'homme lui-même ». (Le Monde comme Volonté comme Représentation).

Faisant appel à Kant et à son criticisme, Schopenhauer pose le soupçon sur la réalité du monde tel qu'il apparaît à l'homme. Il retrouve l'intuition platonicienne selon laquelle le monde sensible n'a pas de réalité propre et n'est qu'un pâle reflet des Idées. Mais, il s'inspire aussi des philosophies orientales qui parlent du « voile de Maya », ce pouvoir des dieux de créer l'illusion d'un monde constitué d'objets et d'êtres distincts qui ne sont en fait que des gouttes d'eau au sein d'un vaste océan. Et pour ces sagesses, l' « éveil » consiste justement à lever le voile de cette illusion, à abandonner l'attachement à l'individualité et à la singularité des êtres, pour se fondre dans l' « Atman », le « Soi divin » impersonnel. Pour Schopenhauer, le monde comme représentation ne se distingue de la pensée de rêves que par sa dureté et sa prégnance. Ce n'est qu'un livre qu'on lit page à page, un livre écrit par le sujet pensant. « Tout ce que le monde renferme ou peut renfermer, est dans cette dépendance nécessaire vis-à-vis du sujet et n'existe que pour le sujet. Le monde est donc une représentation ». (M.V.R.).

Poursuivant son œuvre de déconstruction, Schopenhauer dénonce la réalité des qualités que nous attribuons au monde pour nous rassurer. En vertu du principe d'identité, nous donnons aux objets et aux êtres perçus une individualité, une permanence, une stabilité. En vertu du principe de causalité, nous associons à chaque phénomène une cause rationnelle. Au nom du principe de finalité, nous croyons que le monde est régi par un but vers lequel il tend. À ces illusions protectrices, Schopenhauer répond : « Le monde ne peut se justifier de lui-même, il ne peut trouver en lui-même aucune raison, aucune cause finale de son existence, il ne peut démontrer qu'il existe en vue de lui-même, c'est-à-dire pour son propre avantage. Dans ma théorie, la véritable explication est que la source de son existence est formellement sans raison ». (M.V.R.).

3) Le monde comme Volonté

Avec le monde comme Volonté, Schopenhauer se distingue radicalement de Kant en affirmant la possibilité de connaître « la chose en soi » de façon totale. De quelle chose en soi s'agit-il ? L'homme fait l'expérience qu'il est un corps vivant agissant, que le vouloir-vivre constitue le fondement de son être. « Cela seul lui donne la clef de sa propre expérience phénoménale, lui en découvre la signification, lui montre la force intérieure qui fait son être, ses actions, ses mouvements. Le sujet de la connaissance, par son identité avec son corps, devient un individu ; dès lors, le corps lui est donné de deux façons différentes ; d'une part comme représentation dans la connaissance phénoménale, comme objet parmi d'autres objets et comme soumis à leurs lois ; et d'autre part, en même temps, comme ce principe immédiatement connu de chacun, que désigne le mot Volonté ». (M.V.R.).

Schopenhauer généralise cette intuition première. Ce Vouloir-vivre que l'homme se découvre être se manifeste à travers toute la nature. Il est la force vitale qui anime les plantes, les animaux et les hommes, mais aussi l'ensemble des forces physico-chimiques qui sous-tendent les phénomènes naturels. Ce Vouloir-vivre cosmique et universel, force aveugle et irrationnelle, détermine tous les êtres à persévérer dans leur être, à la manière du « conatus » de Spinoza. La multiplicité et la diversité des êtres et des forces naturelles ne sont que des manifestations et des expressions de cette Volonté universelle. « Cette Volonté… il la verra dans la force qui fait croître et végéter les plantes et cristallise le minéral ; qui dirige l'aiguille aimantée vers le nord… il la retrouvera dans les affinités électives des corps se montrant sous forme d'attraction, de répulsion, de combinaison ou de décomposition ; et jusque dans la gravité qui agit ». (M.V.R.).

Cette intuition que le Vouloir-vivre constitue le fondement de toute réalité, représente pour Schopenhauer la saisie de l'essence et de la substance de toutes choses. Elle donne accès à la connaissance de la « chose en soi », du « noumène » de la réalité. « La Volonté est la substance intime, le noyau de toute chose particulière, comme de l'ensemble ; c'est elle qui se manifeste dans la conduite raisonnée de l'homme, dans la force naturelle aveugle ; si toutes deux diffèrent profondément, c'est en degré et non en essence ». (M.V.R.).

Pour Schopenhauer, le monde comme Représentation, le monde de la conscience et de la pensée humaine n'a qu'une existence secondaire et dépendante. Il n'est que le miroir dans lequel la Volonté universelle s'exprime, se contemple et saisit son image. Les individus croient disposer de leur libre choix ; ce n'est qu'un mirage. Ils agissent manipulés par la Volonté universelle. « Cette illusion ou la multiplicité des individus est en quelque sorte le péché originel de notre représentation, qui nous offre un monde réfracté à travers les prismes subjectifs de l'espace et du temps, de la causalité, bref à travers l'intellect qui pense par le principe de la raison et de l'individualisme. (Huisman, Vergez. « Histoire de la philo ». p.306).

4) Une vie malheureuse

Le monde de la Représentation n'étant que l'expression du monde de la Volonté, il faut en conclure qu'il est gratuit, contingent, flottant, absurde, sans finalité. Il n'est que l'objectivation de la Volonté universelle aveugle et indéterminée. Il s'ouvre sur le néant , il n'a aucune raison d'être véritable, aucun sens, aucune signification. Si tout acte humain semble avoir un but, en réalité il « n'en a pas... ; il n'est qu'un degré des manifestations de la chose en soi, de la Volonté qui échappe au principe de raison ». (M.V.R.). Certes, la nature poursuit la conservation des espèces, mais cette perpétuation n'a pas de sens, n'ouvre sur rien que sur elle-même. Chaque génération refera ce que la précédente a fait. Schopenhauer ne fait que conceptualiser ce que les philosophies orientales appellent l'infernal cycle des réincarnations.

La lucidité conduit donc l'homme à reconnaître la misère foncière de l'existence humaine. Les aspirations romantiques des amants ne « tendent qu'à perpétuer bientôt cette détresse et ces misères qui trouveraient bientôt leur terme s'ils n'y faisaient pas échec comme leurs semblables l'ont fait déjà avant eux ». L'amour sexuel, « l'appétit des appétits », n'est qu'un jeu de dupe dont, bien vite, les charmes et les voluptés disparaissent pour laisser place à l'ennui et à la souffrance. Les hommes s'engendrent sans savoir pourquoi, esclaves qu'ils sont du Vouloir-vivre. Pour Schopenhauer, le sentiment amoureux n'est qu'un « masque », « un effet de surface », par lequel le Vouloir-vivre universel enchaîne les êtres. Ici aussi, le pessimisme de Schopenhauer retrouve le pessimisme bouddhiste qui ne voit dans le désir que la cause de la souffrance. Pour Schopenhauer, comme pour l'adepte bouddhiste, le salut est donc dans la suppression du désir.

5) Le salut

La première façon de se libérer est de se rendre compte que l'homme est emprisonné et manipulé par le Vouloir-vivre. Cela permet à l'homme de se détacher de son individualité singulière, de son égoïsme, afin de s'ouvrir aux autres, en particulier grâce au sentiment de pitié. Fondement de la morale, la pitié se définit comme un sentiment de compassion devant l'universelle souffrance des hommes. En compatissant au malheur d'autrui, nous nous libérons de notre propre malheur.

L'art permet d'aller plus avant dans l'effort de libération vis-à-vis du Vouloir-vivre aveugle. En contemplant la beauté, je me délivre de mon égoïsme, de l'étroitesse de mon individualité, pour me hausser vers le monde des valeurs. La beauté émerveille, réjouit, apaise la douleur. Le plaisir esthétique crée « un enthousiasme qui efface les peines de la vie ». En contemplant un bel objet d'art, j'oublie le monde et ses malheurs. Dans cette contemplation, « on ne subsiste que comme sujet pur, comme clair miroir de l'objet, de telle façon que tout se passe comme si l'objet existait seul ». (M.V.R.).

Mais l'art n'est qu'un calmant temporaire qui n'affranchit pas définitivement l'existence du Vouloir-vivre. Le remède radical reste le choix de la vie ascétique, le refus du désir et du plaisir, le refus des biens du monde, la négation de la vie afin de se délivrer de son individualité illusoire. En agissant ainsi, l'ascète parvient au salut ; non pas un salut individuel, mais un salut impersonnel, semblable au « nirvana » bouddhiste. Mais, Schopenhauer ne se fait pas trop d'illusion sur ce salut par l'art. Il affirme en effet que le Vouloir-vivre reste encore vainqueur, car impérissable et immuable. Il transcende le temps et la mort. Même la mort de l'individu n'est pas pour lui un échec, car de cette mort naissent de nouveaux vivants prisonniers eux-aussi. Quant au suicide, il ne fait que témoigner de l'attachement à la vie.

Cependant la pensée de Schopenhauer est peut-être plus nuancée. Son pessimisme n'est peut-être pas définitif puisqu'il écrira un ouvrage intitulé : *L'art du bonheur*. Livre dans lequel il parle de « théorie de la félicité » et d' « eudémonologie ». Il reste que pour Schopenhauer, la mort acceptée et confiante est la meilleure chance pour l'homme de se délivrer de son individualité et des désirs mortifères qu'elle engendre. « Par-dessus tout, la mort est la grande occasion de n'être plus le moi ; heureux alors ceux qui savent en profiter ! Voyez jusqu'où cela va : il y a un bonheur de la mort... La mort est le moment de l'affranchissement d'une individualité étroite et uniforme, qui, loin de constituer la substance intime de mon être, représente bien plutôt, une forme d'aberration ». (M.V.R.).

IV – ACTUALISATION

En présentant l'activité esthétique comme un moyen de salut, Schopenhauer invite à réfléchir sur la valeur humaine de l'art, à l'instar d'autres grands philosophes comme Kant et Hegel. L'art témoigne de la grandeur et de la dignité de l'homme. Plus que le travail qui comporte une part contrainte assujettie aux besoins vitaux de l'homme, l'art signifie la puissance créatrice de celui-ci, son pouvoir démiurgique. À travers les œuvres d'art, l'homme façonne un monde à sa mesure, un monde de liberté à travers lesquelles il exprime ses sentiments, ses idées, ses valeurs, ses aspirations. À travers l'objet artistique, l'homme utilise le monde naturel : les couleurs, la pierre et le bois, les sons, pour en faire son monde, un monde transfiguré par son génie et son inspiration. En cela, l'art témoigne de la grandeur de l'homme, de sa liberté.

Ce faisant, l'art permet à son créateur d'échapper au vide, au non-sens, à l'absurde que peut revêtir l'existence humaine. Il le délivre du banal et du trivial de la vie quotidienne. En créant, l'homme se donne des raisons de vivre et d'exister. Il devient un phare pour ses contemporains en les haussant au-dessus de leur seul désir de persévérer dans leur être. À ce propos, André Malraux (1901-1976) écrivait : « Le plus grand mystère n'est pas que nous soyons jetés au hasard entre la profusion de la matière et celle des astres, c'est que dans cette prison, nous tirions de nous-mêmes des images assez puissantes pour nier notre néant ».

En transcendant la banalité et la trivialité de l'existence quotidienne dont l'issue fatale est la mort, l'art permet de dépasser cette mort redoutée. À travers la contemplation d'une belle œuvre d'art, nous échappons au temps et à l'espace, à la mort qui nous guette. Nous sommes « transportés » dans un monde harmonieux et mélodieux, le monde des valeurs éternelles. L'art est une sorte d'anticipation d'un autre monde. Le même Malraux écrivait : « La fonction de l'art est de soustraire au temps quelque chose, de suggérer le monde des vérités, au regard desquelles toute réalité humaine n'est qu'apparence, d'apporter une réponse à l'interrogation que pose à l'homme sa part d'éternité ». L'art est, comme dit Kant, une réconciliation des deux parts de l'homme, sa part sensible et sa part intelligible. Une route fragile, mais bien réelle qui conduit l'homme vers la part d'absolu et de transcendant qu'il recèle en lui.

CONCLUSION

Schopenhauer prépare le terrain pour le travail des « généalogistes » de la deuxième partie du XIXe siècle et celui des « déconstructionistes » du XXe siècle. Mais il ouvre aussi la voie au courant existentialiste de ce même XXe siècle. En particulier des existentialistes athées tel que Sartre qui concluront au non-sens et à l'absurdité du monde. Sans oublier l'influence qu'il aura sur les grands écrivains de ce siècle. Ce qui fait dire à Roger-Pol Droit : « Peut-être n'y a-t-il aucun philosophe qui ait exercé sur la vie artistique et culturelle, une influence si profonde et si durable ».

Chapitre 15
KIERKEGAARD (1813-1855)

INTRODUCTION

Kierkegaard est, avec Nietzsche, le plus anti-philosophe de l'histoire de la philosophie si on identifie la réflexion philosophique à un système complet et cohérent à la façon d'Hegel. Et pourtant, il est bien un philosophe dans la mesure où il réfléchit sur la vie humaine, une vie humaine libre, mais écartelée, terrestre, mais hantée par une dimension transcendante. Son œuvre à la fois esthétique, éthique et religieuse, ironique et lyrique est déroutante. On ne peut la lire sans être irradié par l'incandescence de sa pensée. Celle-ci rejoint, mais en plus désespérée, la pensée de Pascal. De Kierkegaard, le philosophe allemand existentialiste Karl Jaspers (1883-1969), écrit : « Il y a chez Kierkegaard quelque chose d'essentiellement différent, quelque chose d'effrayant qui ne vous laisse pas en paix une fois qu'on a commencé à le comprendre ».

I – LE CONTEXTE

La pensée de Kierkegaard est tributaire de celle de Socrate dont il s'inspire et celle d'Hegel qu'il rejette. Kierkegaard découvre Socrate grâce à l'helléniste P.M. Möller, un Socrate ironiste qui feint de ne rien savoir. Kierkegaard consacre sa thèse au *Concept d'ironie constamment rapporté à Socrate*. En quelque sorte, il s'est identifié à Socrate. Il existe une note écrite de sa main ; note qui parle d'un jeune homme « égaré dans le monde », qui cherche à retrouver un Socrate, et qui n'en trouvant pas, « supplia les dieux de le transformer lui-même en Socrate ». Comme Socrate, Kierkegaard ne s'intéresse pas à la connaissance du monde, mais à celle de la vie intérieure. Comme Socrate, il manie l'ironie vis-à-vis de lui-même. Mais, contrairement au philosophe grec, Kierkegaard ne cherche pas à enseigner ; il refusera de devenir pasteur et de prétendre à un poste universitaire. Contrairement à Socrate, il ne se limite pas à la connaissance de l'homme ; il est à la recherche de Dieu. En cela, il se rapproche de Pascal.

Au cours de ses études, Kierkegaard a subi l'influence d'Hegel, en particulier de sa méthode dialectique ; mais il s'en détachera très vite, centré sur ce qui est l'existence individuelle et subjective. Kierkegaard refuse de faire rentrer celle-ci dans un système rationnel complet, et à la limiter à n'être qu'une étape d'un moment de la manifestation de la Raison. Il refuse de diluer l'expérience individuelle concrète dans une synthèse englobante et rationnelle qui l'expliquerait. Il promeut la vérité de l'existence individuelle et en fait une donnée première. En cela Kierkegaard apparaîtra comme l'initiateur du courant existentialiste qui se développera au XXe siècle.

II – LA BIOGRAPHIE

La vie de Kierkegaard est l'histoire d'un douloureux cheminement vers Dieu. Mais c'est aussi l'histoire d'une destinée singulière qui a pour pivot central la relation avec son père et avec sa fiancée avec laquelle il s'imposera de rompre. Soren Kierkegaard, originaire du Jutland danois, naît en 1812. Son père, un vieillard austère et sombre, accablé de remords, prend le nom de la ferme : « gaard » attenant le temple : « kirke ». Ce père reste marqué par un évènement anodin, mais qui le marquera à jamais. Un jour qu'il mourait de faim en gardant les moutons, il leva le poing contre le ciel et insulta Dieu. Il en conçut un sentiment de culpabilité et vécut dans l'attente de la vengeance divine.

Ce père, veuf et sans enfant, se remarie avec sa servante devenue sa maîtresse. Ancien apprenti bonnetier, il se met à son compte et accumule une immense fortune. Mais il n'est pas heureux ; à son souvenir ancien, il lie la culpabilité d'avoir violé sa servante. Comblé de biens matériels, il en vient à penser que Dieu se vengera dans ses enfants au nombre de 7 dont 2 survivront, l'aîné et le dernier Soren. Entre Soren et son père une terrible alliance va se former : c'est en Soren que le père sera puni. Kierkegaard acceptera de porter la faute héréditaire.

Né en 1813, se disant « le fils de la vieillesse », l'enfant reçoit une solide éducation religieuse. Le père accablé de remords lui apprend à aimer le Christ souffrant et crucifié, ce qui empêche l'enfant de voir la vie et son existence avec confiance. Écolier solitaire et mystérieux, il est moqué par ses camarades qui l'appelle « l'enfant de cœur » ou « Soren la chaussette », allusion au métier de son père. Revenant en 1846 sur sa vie, Kierkegaard écrira : « C'est pourtant effroyable quand j'en viens un seul moment à penser à l'arrière fond de ma vie depuis mon plus bas âge, l'angoisse dont mon père emplissait mon âme, ma propre mélancolie terrible… J'éprouvais une autre angoisse en face du Christianisme et cependant je me sentais attiré vers lui ».

Après son baccalauréat de philosophie et de théologie, Kierkegaard s'inscrit à la faculté de théologie protestante qui donne de l'importance au sentiment religieux et à la question de la prédestination. Mais Kierkegaard est peu assidu et s'intéresse à la vie littéraire et intellectuelle de son temps. Il se passionne pour le théâtre et la musique, participe dans les salons aux discussions politiques. Il est admiré, mais redouté par ses critiques acerbes et ses sarcasmes. Il est à la recherche de ce qu'il doit faire de sa vie. En 1840, il devient docteur en philosophie et peut exercer le pastorat. Mais il ne deviendra ni pasteur ni enseignant.

Car sous sa désinvolture de façade, il vit un profond malaise et prend conscience qu'à cause de son père sa vie sera « comme un livre sous séquestre divin ». Mais un rayon de soleil vient égayer sa mélancolie. Kierkegaard a fait la connaissance de Régine Olsen d'une grande beauté. Leur amour est réciproque et en 1840 les fiançailles sont prononcées. Mais chez Kierkegaard la réflexion prend rapidement le dessus sur les sentiments et il ne conçoit pas que l'amour de Régine le détache des choses éternelles. Aussi fin 1840, il retourne sa bague de fiançailles, désespéré mais voulant rester fidèle à sa vocation sacrificielle. Il ne se remettra jamais de cette rupture. Il se met alors à écrire frénétiquement « comme Shéhérazade sauvant sa vie en racontant des histoires ». Il publie en *1843, Ou bien… ou bien qui contient le célèbre Journal d'un Séducteur, Crainte et tremblement, Trois discours édifiants, La Reprise.*

Ou bien... ou bien s'ouvre par les *Diapralmata*, empreints de tristesse et de lassitude de la vie : « grandeur, savoir, renommée, amitié, plaisir et bien. Tout n'est que vent et fumée. Pour mieux dire, tout cela n'est rien ». La première partie du livre est une réflexion sur la création artistique, en particulier sur la musique qui traduit l'errance sans fin de sa vie. À travers cette analyse, s'inscrit le souvenir de Régine. La seconde partie est une sorte de roman : *Le Journal du Séducteur* qui se présente comme un manuel pour savoir faire rendre les armes à la virginité. Dans *Crainte et Tremblement*, Kierkegaard répond à la question qui le taraude : avait-il le droit de sacrifier son amour de Régine pour répondre à l'appel de Dieu ? Le même jour que *Crainte et Tremblement* paraît *La Répétition*, essai de psychologie expérimentale qui pose la question de la possibilité de la réitération d'un amour déjà vécu ; question à laquelle l'auteur répond par la négative. À travers ses différentes œuvres, Kierkegaard chemine vers l'anéantissement de lui-même et de son amour au profit d'un Dieu cruel et terrible qui condamne l'homme au malheur ici-bas pour l'empêcher de s'attacher aux biens terrestres.

L'ouvrage *Ou bien... ou bien* connaît un grand succès. Une lectrice en fait l'analyse suivante : « Il s'est élevé dans les cieux littéraires une comète sinistre et de mauvaise augure. L'ouvrage est si démoniaque qu'on ne peut s'empêcher de le déposer pour le reprendre aussitôt. Depuis les Confessions de Rousseau, aucun livre n'a suscité un pareil intérêt. Dans la première partie, il est esthétique, c'est-à-dire pernicieux ; dans la seconde il est éthique, c'est-à-dire un peu moins pernicieux, encore que les femmes aient lieu d'être fort en colère. Car l'auteur, comme le mahométan, les enchaîne au fini et ne leur trouve d'utilité que parce qu'elles accouchent et réjouissent les hommes. Dans ce livre, il y a un dégoût de la vie qui ne peut-être que le fruit d'une âme viciée ».

Mais désemparé et malade, Kierkegaard prend la route de Berlin où il connaît quelques moments de répit. Il y suit les conférences de Schelling et Hegel. Mais très vite s'ennuyant, il rentre à Copenhague. Il y croise de temps en temps Régine, ce qui ravive son bonheur ancien. En 1844, paraissent sous le pseudonyme de Johannès Climacus *Les miettes philosophiques* qui témoignent de son intérêt pour le problème du salut et de la béatitude. Kierkegaard, dans ce livre, parle de Dieu comme maître et sauveur ; il réfléchit sur le scandale du Dieu devenu homme. Kierkegaard est devenu alors un auteur religieux. Il abandonne son premier maître Socrate pour suivre le Christ. En 1845, paraît un gros ouvrage : *Etapes sur le chemin de la vie* comprenant en particulier deux essais importants : *In vivi veritas* et *Coupable ? non coupable* ? Le premier parle de l'amour et des femmes à la manière du *Banquet* de Platon. Le second raconte les fiançailles d'une jeune fille avec un certain « quidam » qui représente l'auteur. En 1846, paraît *Post Scriptum* qui analyse le problème de la vérité.

C'est alors que survient l'affaire du Corsaire, un journal satirique qui reproche à Kierkegaard sa lâcheté et sa bassesse. De plus, l'Église luthérienne voit d'un mauvais œil ce chrétien étrange qui connaît le succès. Ulcéré, Kierkegaard se réfugie encore plus dans son existence spirituelle, acceptant en croyant sa souffrance. Il publie *La Pureté du Cœur* où prennent place des thèmes annonçant l'existentialisme : l'individu, l'existant, le sérieux, l'authenticité. En 1847, paraît *Vie et Règne de l'amour* où l'auteur compare l'amour humain et l'amour divin. Il y réfléchit aussi sur le rapport entre religion et poésie. Cependant Kierkegaard espère secrètement que Régine prolonge secrètement ses fiançailles avec lui. Sa souffrance ne fait qu'empirer.

En 1848, Kierkegaard publie : *La Maladie et la Mort.* Il y analyse le malheur de l'homme qui refuse de réfléchir à son rapport avec Dieu. Kierkegaard se détache de plus en plus du monde. Sa santé décline, il écrit de moins en moins dans son *Journal*, journal qui retrace son angoisse et sa mélancolie, sa recherche constante de l'intériorité. Dans ce journal, il se dépeint ainsi : « Ma peine est mon château seigneurial, perché là-haut comme un nid d'aigle sur le faîte des montagnes … Ce que j'avais à porter, c'est le tourment que je puis appeler mon écharde dans la chair, des chagrins relatifs à mon père, des peines de cœur relatives à la petite fille que j'aimais ».

En 1855, Kierkegaard tombe inanimé dans la rue. À l'hôpital, il refuse l'aide du pasteur. Il décède le 11 novembre. Sa nièce écrit de lui étendu sur son lit de mort : « Jamais je n'ai vu l'esprit pénétrer ainsi l'enveloppe terrestre et lui donner cet éclat. On eût dit le corps même transfiguré à l'aube de la résurrection ». Sur sa tombe, à la demande de Kierkegaard, seront gravés les vers suivants :

Encore un peu de temps
Et j'aurai vaincu
Et tout le combat
D'un coup, aura disparu
Alors je reposerai
Dans la salle des roses
Sans cesse, je parlerai
Au Seigneur Jésus

III – LA PENSÉE DE KIERKEGAARD

1) Le projet

L'œuvre de Kierkegaard est à la fois esthétique et religieuse, ironique et lyrique. Elle est étroitement liée à son existence. Elle est une parole arrachée au feu de sa vie intérieure. Elle permet à l'auteur de transcender son malheur. Elle exprime la vérité et la profondeur de sa subjectivité. Mais, en même temps elle s'en décale, prend du recul et ironise. Ironie qui s'exprime en particulier par l'usage de pseudonymes qui sont à la fois des alter ego et des contradicteurs. En cela, Kierkegaard ne cherche pas à construire un système cohérent et rationnel. Il veut nous aider à découvrir le sens, la signification de notre existence qui est d'abord liberté donc angoisse du choix. Pour lui, la découverte de notre existence subjective et intérieure est fondamentale et fondatrice. Elle est la reconnaissance de notre être comme singulier et unique, libre, mais limité, responsable et faillible.

Le projet de Kierkegaard est une recherche du salut. À travers des étapes successives et contradictoires, de la sensualité à la spiritualité, à travers le doute, l'angoisse et la souffrance, il chemine de la culpabilité angoissante à l'apaisement divin. Il découvre peu à peu la vérité de son existence en Dieu, non pas le Dieu des religions institutionnelles, mais le Dieu existant et vivant rencontré personnellement dans la foi. Ce chemin passe par trois étapes : le stade esthétique, éthique, religieux.

2) Le stade esthétique

L'homme esthétique vit dans l'instant présent ; le but de sa vie est de jouir à plein de cet instant qui fuit sans cesse en accumulant les plaisirs, la richesse et les honneurs. Il identifie sa vie et la réduit aux sensations successives qui remplissent son être. Il est donc condamné à une quête perpétuelle de nouvelles jouissances, à une errance sans fin. Il s'incarne dans le séducteur ou l'aventurier prisonnier du présent, ce qui l'empêche de se retourner sur le passé, de préparer l'avenir et de s'y projeter. C'est donc un individu flottant, sans remords, mais sans espérance. C'est Don Juan obnubilé par les plaisirs de la chair, incapable de saisir une vérité stable, une valeur supérieure. Dans l'œuvre de Kierkegaard, l'homme esthétique c'est Johannes, le séducteur du journal éponyme, manipulant l'innocente Cordelia. C'est Victor Eremita de Ou bien… ou bien, sceptique et élégant dandy. Tous deux sont des clones de Kierkegaard dans la première partie de sa vie.

L'homme esthétique ne supporte pas la vie réelle qui se répète, qui tombe dans la monotonie et l'ennui, et qui finit par éroder les sensations et les sentiments. La vie esthétique se contredit elle-même ; l'incessante recherche des plaisirs conduit à la satiété, à l'insatisfaction permanente, à l'ennui. Elle se détruit de l'intérieur. Elle ne peut aboutir qu'à la solitude et au désespoir. En fin de compte, elle n'est qu'un refus de la véritable existence qui se construit dans la durée, la stabilité et l'intériorité.

3) Le stade éthique

L'homme esthétique, déçu et désemparé, est alors tenté d'adopter le stade éthique et de s'en contenter. L'homme éthique est celui qui se réalise dans l'accomplissement des devoirs de la vie : son engagement dans la famille, dans la société, dans l'Etat. Il assume son existence en respectant les règles universelles du devoir moral. Aussi, Kierkegaard appelle-t-il ce stade celui du « général ». L'homme éthique incarne l'esprit de « sérieux » : il assume ses responsabilités envers lui-même et les autres. Il incarne la fidélité, la cohérence, la continuité dans l'existence. C'est un homme de volonté et d'énergie qui éprouve « une fois pour toutes l'intensité du devoir, de telle sorte que cette conscience donne l'assurance de la valeur éternelle du moi ». En assumant sa responsabilité, l'homme éthique prend conscience de sa valeur ; il maîtrise les évènements et accepte son destin. Pour Kierkegaard, l'exemple même de l'homme éthique c'est le héros, non dans l'action exceptionnelle, mais au quotidien.

Kierkegaard a été tenté de mener cette vie éthique dans les premiers temps de sa rencontre avec Régine. Mais très vite, il comprend qu'il est fait pour une autre sorte de vie, plus spirituelle et intérieure. Régine n'aspire qu'à la vie éthique de la mère de famille, Kierkegaard est hanté par la recherche d'une vie religieuse intense. Il prend conscience qu'il ne pourra jamais se limiter à être l'homme-époux, l'homme-gagne pain. Il reproche à l'homme éthique d'accepter une vie trop programmée, une vie banale prisonnière du devoir manquant de légèreté et de tragique. Une vie qui se solidifie et s'objective dans la bonne conscience. Pour Kierkegaard, à la différence de Kant, le respect du devoir moral ne suffit pas à remplir une vie d'homme.

4) Le stade religieux

L'homme religieux « sait combien il est beau d'être l'individu qui a dans le général, sa patrie, son amicale demeure, toujours prête à le recevoir quand il veut y vivre ». Mais il est attiré par une vocation plus haute et plus sublime, mais plus risquée et plus solitaire. Ne voulant pas emprisonner sa vie dans les règles générales de la morale et du devoir, il recherche une existence plus personnelle et plus intérieure, plus « subjective » en se situant face à l'Un, à l'Absolu, dans une expérience singulière que les concepts philosophiques ne peuvent exprimer. Il est un chevalier de la foi, connaissant des moments exaltants, mais aussi de doute devant le silence de Dieu. Cet homme religieux, c'est bien sûr Kierkegaard dans la dernière partie de sa vie.

Afin de bien distinguer l'homme éthique de l'homme religieux, Kierkegaard, dans son ouvrage *Crainte et Tremblement*, compare la destinée d' Agamemnon, le chef des Grecs qui assiègent Troie, et Abraham, l'ancêtre du peuple juif. Le premier est un héros éthique qui, par devoir patriotique, sacrifie sa fille Iphigénie. Il sacrifie sa famille à l'intérêt général : que la flotte grecque bénéficie d'un bon vent. Abraham lui aussi est prêt à sacrifier son fils Isaac, mais pour un but bien plus élevé : témoigner de sa foi inconditionnelle en Dieu. Acte beaucoup plus risqué que celui d'Agamemnon. Ce dernier trouve la justification et la récompense de son acte dans sa bonne conscience. Abraham prend un énorme risque, celui de se tromper et d'être trompé par Dieu. Sa décision se fait dans le doute et l'angoisse. Et Kierkegaard d'écrire : « C'est le Christianisme (on pourrait ajouter après le Judaïsme) qui met un poids énorme sur le sujet individuel. Angoisse et désespoir, car ce sublime chemin vers l'Absolu paraît absurde aux yeux de la raison ».

Fondamentalement pour Kierkegaard, l'expérience religieuse est celle de l'homme qui se reconnaît imparfait et pécheur. Pour lui, le péché contre Dieu dépasse de beaucoup en gravité la faute morale que peut commettre l'homme éthique. C'est une rupture ontologique et existentielle par rapport à son créateur : l'affirmation coupable de son autonomie et de son indépendance, le refus de sa dépendance d'avec Dieu. Ce que reconnaîtra, implicitement, l'existentialisme athée qui se croira obligé de poser la mort de Dieu pour affirmer la liberté humaine. Mais pour le chrétien Kierkegaard, c'est en reconnaissant son péché qu'il fait l'expérience du pardon et de l'amour de Dieu. Ce qui fait dire à A.Gusdorf : « La justification, qui est l'existence plénière de la foi n'est accessible qu'à celui qui prend conscience de son péché. Seul le pécheur peut être sauvé ».

Mais cet état peccamineux se vit dans la souffrance et l'angoisse. L'homme religieux se sent déchiré entre le temporel et le spirituel. Il ne peut que s'humilier devant Dieu dans la conscience que son être est une tension, un déchirement entre deux contraires incompatibles. Et c'est en vivant pleinement cette tension et ce déchirement que l'homme peut développer sa subjectivité véritable, sa valeur infinie en relation avec Dieu.

IV – ACTUALISATION

Kierkegaard est un philosophe et un chrétien, mais un chrétien déchiré tels que sont les mystiques ceux qui recherchent l'Absolu qu'est Dieu, pour se fondre en lui, pour demeurer dans son intimité, se perdre en lui et pour y trouver la plénitude de l'existence. Mais cette quête éperdue de Dieu se fait souvent dans le doute, l'effroi et la nuit, à travers des moments douloureux entrecoupés de temps de joie et de sérénité indicibles.

L'Église catholique a connu de « grands spirituels » dès les premiers siècles. Le premier est Paul de Tarse, (5-/15-62/67), l'apôtre Paul, auteur des Epîtres qui connut une révélation du Christ sur le chemin de Damas où il allait persécuter les premiers chrétiens. Le grand théologien Augustin (354-430), auteur des *Confessions* et de *Cité de Dieu*, en fait aussi partie. Mais c'est à partir du XIIe siècle qu'apparaissent les grands mystiques chrétiens : Maître Eckart (1260-1328) à l'origine du courant mystique rhénan; avant lui Hildegarde de Bingen (1098-1179) célèbre pour ses visions ; Catherine de Sienne (1347-1380) celle qui demanda au pape Grégoire XI de quitter Avignon pour regagner Rome ; Ignace de Loyola (1491-1556) qui traduisit ses visions dans ses fameux *Exercices Spirituels* et qui fonda les Jésuites ; Thérèse d'Avila (1515-1582) dont le *Livre des demeures du Château intérieur* est le parfait modèle de l'oraison divine ; Jean de la Croix (1542-1591) et ses traités de mysticisme : *Le Cantique Spirituel*, *La Nuit Obscure*. Plus près de nous, Catherine Labouré et ses visions de la Vierge dite de la Médaille miraculeuse ; Padre Pio portant les stigmates de la Passion sont considérés comme des mystiques. Notons que ce phénomène n'est pas propre au Christianisme. En Islam, le mouvement soufiste connut de grands mystiques tels Hasan Basri (+728) et surtout Al-Hallaj (+922).

Ces mystiques furent souvent critiqués, voire condamnés par les institutions ecclésiales officielles. Aux yeux de celles-ci, ils apparaissaient comme des francs-tireurs qui dénonçaient la compromission de la religion et de l'État et s'éloignaient de l'orthodoxie régnante. Les mystiques soufis furent eux aussi persécutés et exécutés par l'Islam officiel. Aujourd'hui, s'il existe encore des mystiques, ils sont anonymes dans les monastères. De toute façon, ils n'ont pas à craindre les foudres de notre monde postmoderne matérialiste et hédoniste. Ils ne peuvent apparaître aux yeux des hommes postmodernes que pour des êtres singuliers et originaux, attardés et irrationnels, de doux rêveurs ou des dérangés mentaux. Et pourtant, ne gardent-ils pas une fonction spécifique dans notre monde centré sur l'individu égotiste et narcissique se croyant son seul maître ? Ne sont-ils pas des veilleurs, des taons ou des torpilles à la façon de Socrate, qui nous rappellent que l'homme ne se réduit pas à ses besoins physiologiques et psychologiques, à ses désirs et à ses pulsions, à ses déterminismes sociaux économiques ? Mais qu'il y a en lui une part irréductible de lumineux et de numineux, de transcendant et d'absolu, d'illimité et d'infini ? Qu'aucune réalité humaine ne peut combler.

CONCLUSION

Kierkegaard est le père de l'existentialisme. C'est lui qui introduit dans le discours philosophique les concepts d'existence, de subjectivité, d'angoisse, de désespoir. En cela, il est aussi l'initiateur du courant personnaliste. Ses descendants directs sont Chestov et Berdiaff, mais aussi Heidegger, Sartre, K.Jaspers, G.Marcel, et J.Wahl. De son maître, K.Jaspers écrivait : « Peut-être celui qui refuse aujourd'hui de s'ouvrir à Kierkegaard ou qui le met de côté un beau jour, comme s'il en avait fini avec lui, reste-t-il pauvre, sans antennes, déloyal ».

Chapitre 16
NIETZSCHE (1844-1900)

INTRODUCTION

Nietzsche est un philosophe majeur. Il a introduit, à la suite de Schopenhauer, une nouvelle façon de penser : la méthode « généalogiste ». Celle-ci consiste à exhumer derrière la part consciente et rationnelle de l'homme, une réalité constitutive, inconsciente, irrationnelle parce que pulsionnelle. Armé de cette méthode qu'il appelle la philosophie « au marteau » ou encore la philosophie du « soupçon », il déconstruit les illusions idéalistes et spirituelles, les « idoles » de la philosophie classique depuis Socrate et Platon. Nietzsche s'attache ainsi à opérer une critique radicale de la culture occidentale, de ses valeurs et de ses idéaux. Il propose de leur substituer de nouvelles valeurs conformes à la « volonté de puissance ».

I – LE CONTEXTE

Nietzsche a été profondément marqué par ses études linguistiques. Sa connaissance de la philologie et sa pratique de l'analyse critique des textes lui ouvriront la voie de l'interprétation de la philosophie ancienne et classique. De la lecture de Schopenhauer, il retiendra l'importance fondamentale de la volonté et du vouloir-vivre qui deviendront pour lui la « volonté de puissance ». Observateur des mouvements démocratiques et socialistes secouant l'Allemagne de Bismark et de la montée du pangermanisme, il en conclura que l'Europe est gagnée par un nihilisme qui s'oppose à l'épanouissement des forces de la vie.

1) La philologie

La philologie est l'étude des langues et, à travers elles, des civilisations grâce à la lecture historique et critique des textes fondateurs. Pour Nietzsche, elle est l'art d'interpréter ces textes sans plaquer sur eux une grille de lecture préétablie. Elle consiste dans l'art de lire avec lenteur, de savoir suspendre son jugement, déchiffrer le sens originel d'un texte sans le fausser. « La philologie est en effet cet art vénérable qui exige avant tout une chose de ses adeptes : se mettre en réserve, se laisser du temps, apprendre à se taire, apprendre la lenteur ; cet art d'orfèvre et de connaisseur des mots, qui a pour tâche d'accomplir jusqu'au bout un travail de finesse et d'attention et n'arrive à rien s'il n'y arrive lentement ». (Aurore).

L'esprit de la philologie prépare et préfigure ce que doit être la véritable analyse philosophique : la volonté de déchiffrer la réalité sans la déformer. Et tout l'effort de Nietzsche sera de « lire », de « découvrir » ce qui constitue le noyau de cette réalité : les affects, les instincts, les pulsions générés par la volonté de puissance ; dont les idées, les croyances et les valeurs ne sont que des expressions, des traductions que l'homme transforme en « idoles » autonomes et supérieures. L'approche philologique rend possible le travail « généalogique » du philosophe, son travail « au marteau », celui du « chirurgien ou du piolet de spéléologue », afin de découvrir les « arrière-mondes » inconscients qui conditionnent l'activité psychique consciente.

2) La culture classique

De toutes les cultures dont la méthode généalogique lui donne les clés, Nietzsche sélectionne la culture de la Grèce classique comme représentative de l'homme nouveau qu'il veut travailler à advenir. Celui qui renverse les valeurs nihilistes modernes afin de rétablir l'homme doué de toutes les énergies vitales, celui qui incarne la volonté de puissance. Pour Nietzsche, en auriges, les Grecs constituent le peuple de l'affirmation de la vie. « Les Grecs, tiennent dans leurs mains notre culture et toute culture ». (Naissance de la tragédie). Ils sont des modèles à suivre : « Nous voulons apprendre auprès des Grecs : c'est en ayant leurs exemples en main que nous voulons enseigner ». (Naissance de la tragédie).

Mais, tout n'est pas à prendre chez les Grecs. En particulier chez Socrate et Platon dont l'idéalisme déprécie le monde sensible, le vrai monde pour Nietzsche. Les « Idées » de Platon ne sont que des « boursouflures » métaphysiques, des idoles mensongères. Elles sont représentatives des « forces réactives » et négatives, qui incitent à fuir le monde d'ici-bas pour se réfugier dans des mondes illusoires. Elles témoignent de l'affaiblissement de la vie et de la volonté de puissance. Elles sont le signe de la désorganisation, de la dysharmonie des affects et des pulsions.

Pour Nietzsche, c'est l'art grec et en particulier la tragédie, qui représente l'âme du peuple grec, son amour inconditionné de la vie, sa volonté de vivre intensément. Et cela, aussi bien l'image lumineuse et harmonieuse de l'art apollinien que la démesure et la folie de l'art dionysiaque. À ce propos, E.Bréhier écrit : « Dans la tragédie grecque, le chœur représente les compagnons de Dionysos ; il frissonne à la pensée des malheurs qui frappent le héros et il en pressent une joie plus haute et infiniment plus puissante ; il frissonne parce que l'excès des malheurs lui interdit la contemplation apollinienne ; mais cet excès même le conduit à en saisir la cause dans le vouloir-vivre et à s'apaiser en le niant ». « Histoire de la philosophie, la philo moderne », fasc. 4, p.881.

3) La situation politique et sociale

Comme tout grand philosophe, Nietzsche s'intéresse à la situation politique et sociale de son temps, à propos de laquelle son jugement est très critique. Pour lui son époque et plus largement le monde moderne sont dominés par les forces réactives du « ressentiment », par la désorganisation et la dysharmonie des affects et des pulsions. Il en résulte un amoindrissement de la volonté de puissance, du vouloir-vivre. L'homme moderne ne sait plus choisir et créer. Devenu être grégaire, il a besoin d'un régime autoritaire qui le soulage du poids de la vie ; il devient animé de la morale des esclaves.

Mais Nietzsche est aussi critique vis-à-vis des aspirations démocratiques de ses contemporains. Pour lui, la recherche de l'égalité, le refus de la différence témoignent du même appauvrissement du vouloir-vivre. La démocratie est le régime des hommes faibles et « triviaux », de la « populace » à la recherche de la sécurité, de l'égalité des droits et de la compassion pour tous ceux qui souffrent. De même, il condamne le nationalisme qui se fait jour en Allemagne, ainsi que le pangermanisme : « cette lourdeur allemande » qui a mis à la place de la culture, la folie du culte de la nation. Pour Nietzsche, le salut de la politique passe d'abord par la culture ; non pas l'entassement des connaissances, mais la volonté de changer l'homme, de renverser les valeurs négatives du ressentiment. Pour lui, l'homme est à advenir, car jusqu'alors : « Oui, l'homme fut un essai ».

II - BIOGRAPHIE

Friedrich Nietzsche naît en 1844 près de Leipzig. Son père, pasteur luthérien décède lorsque l'enfant n'a que cinq ans. Il sera élevé par sa mère et ses tantes ; ce qui ne sera pas sans conséquence sur la formation de sa sensibilité. Il acquiert une vaste culture classique, latine et grecque qui marquera sa pensée. Très tôt, il apprend à jouer du piano. Renonçant à devenir pasteur, il fait de brillantes études de philologie à Bonn.

En 1869, il est nommé professeur de cette discipline à l'université, fonction qu'il exercera dix ans. Mais sa vocation est ailleurs ; la lecture de Schopenhauer le mène à la philosophie. Son talent musical est remarqué par Richard Wagner, grand compositeur musical s'inspirant des légendes germaniques. Il ira fréquemment lui rendre visite ainsi qu'à Cosina son épouse, la fille de Liszt, en Suisse. Plus tard, Nietzsche se libérera de l'influence de Wagner qui aura cependant joué un rôle dans l'évolution de sa pensée. De cette première époque datent les ouvrages suivants : *Homère et la philosophie classique*, *La Naissance de la tragédie,* les *Considérations inactuelles*. En 1870, patriote, il s'engage dans l'armée comme infirmier.

Vers 1875, Nietzsche tombe gravement malade. Probablement atteint par la syphilis, il souffre de terribles maux de tête qui agissent sur sa vie et son état mental. Il quitte l'enseignement et commence à développer sa pensée sous formes d'aphorismes, de sentences dans *Humain trop humain* et *Le voyageur et son ombre*. Il se détache du pessimisme de Schopenhauer et de l'ombre de Wagner.

Vivant seul, il commence une période d'errance à travers l'Europe. À Gênes, il écrit *Aurore*. Dans les Alpes suisses en Engadine, il a la révélation d'une nouvelle morale qu'il va substituer à la morale chrétienne. Cette période d'exaltation se traduit par la rédaction du *Gai savoir*. En 1882, un ami lui présente la belle Lou Salomé dont il devient follement amoureux ; mais cet amour n'est pas partagé. Il commence la rédaction *d'Ainsi parlait Zarathoustra* qui sera son double. De la même époque, datent la parution de deux de ses principaux livres : par-delà le bien et le mal et La généalogie de la morale. Il gagne Nice, la Sicile et revient à Turin. Durant ses pérégrinations il écrit plusieurs de ses chefs-d'œuvre : *Nietzsche contre Wagner*, *Le Crépuscule des idoles*, L'Antéchrist et *Ecce Homo*, qui synthétisent sa pensée et donnent de lui-même un portrait intellectuel et moral.

Mais l'écriture lui devient de plus en plus difficile et témoigne de l'aggravation de sa maladie. En 1889, celle-ci redouble et Nietzsche se met à tenir des propos délirants. Après plusieurs passages en asile, il est soigné par sa mère et sa sœur. La maladie évolue vers une paralysie générale et la démence. Il décède paisiblement à l'été 1900.

III – LA PENSÉE DE NIETZSCHE

1) La langue

La lecture de Nietzsche est à la fois attachante et déroutante : il manie l'allemand en poète. Dans ses ouvrages, on ne trouve pas de vrais chapitres, mais une suite d'aphorismes, de sentences mêlant la concision de l'expression et la profondeur de la pensée. À propos du style de Nietzsche, P.Wotling écrit : « Nietzsche est non seulement un grand novateur en matière de modes de pensée, mais il est encore un prodigieux créateur de formules, toutes plus frappantes et plus séduisantes, plus énigmatiques les unes que les autres ». (Oui, l'homme fut un essai, p.110).

2) Le projet

Le dessein de Nietzsche est de refonder, de reconstruire la culture occidentale. Celle-ci ayant sombré dans le « nihilisme » qui dévalorise la vie, le corps, l'existence humaine et qui réduit l'homme à une vie « dégénérée », à une vie inconsciente d'animal et de végétal. Pour Nietzsche, la véritable tâche du philosophe qu'il définit comme « le médecin de la culture », « le législateur de l'avenir » ou encore « le promoteur de l'homme », est de travailler à « élever » et à « éduquer » un homme nouveau : le « surhomme ». Celui-ci sera un « créateur » menant un style de vie « artistique ». Il sera animé par l' « amor fati », acceptant avec un esprit libre le destin y compris l' « Eternel Retour ».

Mais le travail du philosophe est d'abord critique : la critique des idées, des pensées, des idéaux, ces fausses « idoles » sur lesquelles s'est construite la culture européenne. Cette critique s'opère en particulier, par le déplacement et le renversement de la question à partir de laquelle s'est édifiée la philosophie classique. La véritable question philosophique n'est pas : « Qu'est-ce que la vérité ? », mais « En quoi consiste le monde souterrain dont cette question n'est que le symptôme ? ». Il faut donc réaliser un travail généalogique afin de découvrir la configuration des instincts et des pulsions cachés qui déterminent ces prétendues idées, ces pensées et ces valeurs qui se présentent comme autonomes et souveraines.

3) L'anthropologie

La question essentielle est donc : Qui a-t-il derrière, dessous les idées de vérité, de connaissance, de substance, de moi, de je, de bien et de mal, de faute et de péché, de démocratie, d'égalitarisme, d'au-delà… ; toutes ces grandes idées intellectuelles, morales, religieuses, politiques sur lesquelles sont fondées la philosophie classique et la culture européenne ? Travaillant dans une perspective naturaliste, Nietzsche « déconstruit », « désenchante » ces grandes pensées, ces belles valeurs. Refusant leur origine transcendante et divine, il résume l'homme à n'être qu'un individu animal et corporel, mu par des affects, des instincts et des pulsions. Il cherche à « replonger l'homme dans la nature, faire justice des nombreuses interprétations vaniteuses, aberrantes et sentimentales qu'on a griffonnées sur cet éternel texte primitif de l'homme naturel », (Par-delà le bien et le mal).

Ces prétendues idées et valeurs occidentales sont réductibles en termes psycho-physiologiques ; elles sont gouvernées par des logiques pulsionnelles inconscientes qui assurent la pérennité et le développement de l'homme vivant. Elles correspondent à « des exigences physiologiques liées à la conservation d'une espèce déterminée de la vie », (Par-delà le bien et le mal). Elles ne sont en rien des essences éternelles comme le pensait Platon, mais des modalités d'organisation de la vie. Elles représentent des subterfuges utilisés par la pulsion de vie pour adapter le vivant à son milieu. En définitive, elles sont au service de la volonté de la vie, de la « volonté de puissance ».

4) La volonté de puissance

La « volonté de puissance » est l'un des concepts clés de Nietzsche. C'est cette réalité fondamentale et souterraine dont les « idoles » ne sont que la manifestation et l'expression. La volonté de puissance est la tendance substantielle de l'homme qui porte celui-ci à perdurer dans la vie et à se développer. Elle n'est pas, comme chez Schopenhauer, une force aveugle conduisant au pessimisme. Elle est l'essence de l'être, une volonté qui veut et travaille à son propre accroissement et à sa propre intensification. Elle est la vie qui « aspire à un sentiment maximal de puissance ; elle est essentiellement l'aspiration à un surplus de puissance ; aspirer ce n'est point autre chose que d'aspirer à la puissance ; cette volonté demeure ce qu'il y a de plus intime et de plus profond. Elle cherche toujours à repousser les limites qui la bornent, toujours en mouvement ».

Il en résulte que la vie est essentiellement mouvante, changeante, en devenir. Elle n'est jamais identique et pareille à elle-même ; elle est diverse, variée, proliférante. Ce qui, pour Nietzsche, condamne les idées et les valeurs philosophiques et religieuses d'unité, de stabilité, d'être, de substance, de vérité, qui ne sont que des idoles à déconstruire. Ces illusions ne font que manifester un affaiblissement, un appauvrissement de la vie. Mais cette volonté de puissance n'est pas égale chez tous les hommes. Elle est le propre des hommes « forts » et supérieurs de type « aristocratique » qui tendent à dominer, à commander, à conquérir. Doués de la plus haute intelligence, de la plus grande énergie, ils sont appelé à renverser les valeurs des hommes « faibles ». Ces derniers, incapables de vouloir plus et plus intensément, se contentent et se réfugient dans la volonté de permanence et de stabilité. Et ce sont eux qui créent les valeurs idéales et spirituelles, morales et religieuses de bonté, de pitié, d'acceptation de la souffrance, afin de cacher et de justifier leur manque de volonté. Pour se maintenir en vie et se défendre contre les hommes forts, ils procèdent à une inversion de valeurs en déclarant que ce qui est chétif, humble, faible, est bon et que ce qui est fort, supérieur, dominateur est mauvais.

Il est donc urgent pour Nietzsche de déconstruire les valeurs des faibles, de les « interpréter ». Il s'en donne la mission : « Ma tâche, préparer un moment de sublime prise de conscience de l'humanité, un grand midi où elle puisse regarder en arrière et devant elle, où échapper à la tyrannie du hasard et des prêtres, et pour la première fois poser globalement la question : pourquoi ?, à quoi bon ?. Cette tâche découle nécessaire de la conviction que l'humanité n'est pas elle-même sur la bonne voie, qu'elle n'est nullement gouvernée par des lois divines, mais qu'au contraire, parmi ses valeurs les plus sacrées, c'est justement l'instinct séducteur de la négation, de la corruption, de la décadence qui a toujours sévi. C'est pourquoi la question de l'origine des valeurs morales est pour moi une question primordiale, car elle conditionne l'avenir de l'humanité », (Aurore).

5) La généalogie de la morale

Les valeurs morales traditionnelles et classiques sont donc à « interpréter », mais aussi les autres valeurs : intellectuelles, artistiques, politiques qui en découlent. « Je me suis aperçu que les valeurs morales ou immorales formaient, dans toute philosophie le véritable germe vital d'où chaque fois la plante entière est éclose. On ferait bien en effet et se serait même raisonnable, de se demander, pour l'élucidation du problème : comment se sont formées les affirmations métaphysiques les plus lointaines d'un philosophe ? On ferait bien, dis-je, de se demander à quelle morale veut-on en venir ? ». Pour Nietzsche, l'importance et la primauté des valeurs morales tiennent au fait qu'elles sont liées à la vie, à l'évolution de la vie. Elles expriment directement ce qu'il en est de la volonté de puissance, de son intensification ou de son appauvrissement. Socrate et Platon, qui préfèrent les Idées au monde sensible, sont les représentants typiques des valeurs morales discréditant la vie et témoignant d'un affaiblissement des instincts et des pulsions. Ils sont animés de « rancœur contre la réalité ». « Toute philosophie cache aussi une autre philosophie, toute opinion est aussi une cachette, toute parole est un masque », (Par-delà le bien et le mal).

Il en est de même de la science dans sa recherche de vérité et du refus de l'erreur. En cela, elle est le signe du refus de la réalité toujours changeante, multiple et diverse. La volonté de démontrer et de prouver indique aussi une volonté de puissance affaiblie qui réarrange le monde afin qu'il soit conforme à une vie médiocre et rassurée. Quant aux idées démocratiques d'égalité et de fraternité, elles sont le signe d'un esprit » « roturier », manipulé par des forces réactives. Enfin, les valeurs religieuses ne sont que celles d'une volonté réactive et négative, d'une volonté de puissance amoindrie, incapable d'embrasser la vie d'ici-bas et de jouir de cette vie. Toutes ces différentes valeurs ne sont que le signe du refus de la vie, d'une vie ondoyante et forte, le refus et l'impossibilité d'embrasser à plein la vie d'ici-bas. Elles émanent du nihilisme.

Dans ce travail d' « interprétation », Nietzsche fait œuvre de psychanalyste .Il développe une psychologie des profondeurs en mettant à jour les affects, les instincts et les pulsions inconscients dont les valeurs conscientes ne sont que des « symptômes ». Le travail « généalogique » est un travail de décryptage, d'exhumation. La véritable question pour lui est : quelle organisation pulsionnelle se cache sous telle ou telle valeur ? Il s'agit bien d'un travail de « chirurgien » ou de « spéléologue » armé des « ciseaux de la dissection » ou du

« marteau ». La tâche du généalogiste est celle du « trophonios » qui creuse, déconstruit, dévalue et dévalorise. Et ce travail est immense, car « il y a plus d'idoles que de réalité dans le monde ; tel est le mauvais œil que je jette sur le monde, telle est aussi ma mauvaise oreille… Lui poser ici, pour une nouvelle fois, des questions en usant du marteau et peut-être, entendre en guise de réponse ce célèbre son creux qui parle d'entrailles flatulentes » (Le Crépuscule des idoles).

En établissant cette généalogie, Nietzsche distingue deux types de morale : celle des hommes « forts » et celle des hommes « faibles ». Le premier type est celui des « aristocrates » doués d'intelligence, d'énergie et d'une volonté de puissance exaltée. Ils sont animés de forces actives et positives qui les poussent à créer, à commander sans haine, sans arrière-pensée. Spiritualisant leur énergie animale, ils s'affirment, se réalisent, étendent leur domination. C'est eux qui ont défini ce qui est « bon » : la santé, la force physique, la beauté, la richesse. Ils posent ces valeurs spontanément, sans calcul. L'exemple même de cette sorte d'homme est le citoyen grec, conscient du caractère tragique de la vie, mais qui l'embrasse de tout son être. Sa qualité principale est l' « audace », « l'audace de l'homme grec qui s'affirme dans la lutte, audace des races nobles, audace folle, absurde, spontanée ; la nature même de ses entreprises imprévues et invraisemblables » (La généalogie).

Tout au contraire, la morale des faibles est réactive, caractérisée par le « ressentiment ». Dominés par les forts, ils cherchent à se venger ; vengeance qui se traduit par l'inversion qu'ils opèrent des valeurs des forts. Ces êtres souffreteux décrètent que le « bien » c'est la pitié, l'altruisme, les valeurs humanitaires et socialistes, la souffrance, le sacrifice, le dénuement. Cette morale est typiquement représentée par la morale ascétique des prêtres. C'est la morale des esclaves qui ont inventé l'au-delà et le paradis parce qu'ils ne peuvent pas jouir de la vie ici-bas. C'est une morale qui exprime en fait un appauvrissement, une maladie de leur volonté de puissance ; mais qui leur permet de vivre, de se venger des hommes forts en leur donnant mauvaise conscience. « La révolte des esclaves dans la morale commence lorsque le ressentiment lui-même devient créateur et enfante des valeurs : le ressentiment de ces êtres à qui la vraie réaction, celle de l'action est interdite et qui ne trouvent de compensation que dans la vengeance imaginaire. Tandis que toute morale aristocratique naît d'une triomphale affirmation d'elle-même, la morale des esclaves oppose dès l'abord un « non » à ce qui ne fait pas partie d'elle-même, à ce qui est différent d'elle » (La généalogie). En définitive, cette morale du faible est l'expression même du « nihilisme » qui gagne la culture européenne.

6) Le nihilisme

Pour Nietzsche, l'époque moderne et la culture moderne, enfants de l'idéalisme et du dualisme platonicien, refusent la vie et la dévalorisent. Ce nihilisme est le symptôme même de l'affaiblissement de la volonté de puissance. Pour Nietzsche, ce nihilisme est un véritable poison. « La question du nihilisme : « à quoi bon ? » part du l'usage qui fut courant jusqu'ici, grâce auquel le but semblait fixé, donné, exigé du dehors, c'est-à-dire par une quelconque autorité supra-humaine. Lorsqu'on eut désappris de croire en celle-ci, on chercha selon un usage ancien, une autre autorité qui sût parler un langage absolu et commander des fins et des tâches » (La volonté de puissance).

Ce nihilisme exprime la lassitude et l'épuisement de l'homme moderne, son ennui ; mais surtout son incapacité à affronter la vie, la vie dans ce monde d'ici-bas telle qu'elle est : diverse, multiple, fugace, ondoyante, tragique. Épuisé de vivre, l'homme moderne se réfugie et se console en inventant un monde suprasensible, stable et intelligible, rationnel et éternel, à la mesure de sa faiblesse. Ce qui ne l'empêche pas de se noyer dans la recherche d'excitations morbides comme l'alcool, la drogue, l'abrutissement dans le travail et la consommation de masse.

Un tel nihilisme met en jeu la survie et le destin de l'Europe. Il requiert un sursaut, la création de valeurs positives et aristocratiques permettant le développement de la volonté de puissance. Nietzsche en appelle à la création d'une morale immanente à la vie, favorable à son épanouissement : la morale du « Surhomme ». C'est la tâche essentielle du philosophe de travailler à la création de cette nouvelle morale. « Je vous encourage, ô mes frères, demeurez fidèles à la terre et ne croyez pas à ceux qui parlent d'espérance supraterrestre. Sciemment ou non ce sont des empoisonneurs. Ce sont des contempteurs de la vie, des moribonds, des intoxiqués dont la terre est lasse. Qu'ils périssent donc ». (Ainsi parlait Zarathoustra).

7) La morale du surhomme

Pour Nietzsche, le Surhomme sera celui qui sera l'homme nouveau délivré des morales du ressentiment. L'homme n'est pas une forme stable ; il n'a pas une essence déterminée à jamais. Il est un devenir ; mieux, il est à venir, à advenir. Jusqu'ici il n'a été qu'un « essai ». La tâche du philosophe est de faire émerger le Surhomme. Celui-ci a déjà existé par le passé dans certaines cultures, chez les Grecs en particulier ; mais que périodiquement, par hasard. Le philosophe doit le faire surgir définitivement. Ce sera « Zarathoustra », ami de Dionysos, le dieu de la végétation, de la vigne, de la fête et des débordements de la vie. « Pour ma part, j'ai appelé toute cette façon de penser la philosophie de Dionysos : une réflexion qui reconnaît dans la création et la transformation de l'homme, aussi bien que des choses, la jouissance suprême de l'existence et dans la morale seulement un moyen pour donner à la volonté dominatrice une force et une souplesse capables de s'imposer à l'humanité ». (Fragments posthumes).

Le surhomme renverse la morale du ressentiment des faibles. Il crée une nouvelle organisation axiologique des valeurs, équilibrée et harmonieuse, fidèle à la volonté de puissance. Il travaille à maîtriser, à homogénéiser les diverses forces, les diverses pulsions contradictoires que constituent la volonté de puissance, afin qu'elles ne se détruisent pas les unes les autres. Il intègre même à cette nouvelle synthèse les forces pulsionnelles réactives pour les mettre enfin au service d'un ensemble cohérent et équilibré. Cet ensemble cohérent des forces de la volonté de puissance, Nietzsche l'appelle « la morale de grand style ».

Cette morale se caractérise par l'acceptation, « l'adoration » de la vie dans tous ses aspects, y compris les aspects douloureux envoyés par le hasard ou le destin. La souffrance n'est pas, comme le dit la morale ascétique, une occasion de rédemption, mais un stimulant, une occasion de lutter, de tendre ses forces pour une vie plus riche. C'est ce que Nietzsche appelle : « l'amor fati ». Cet amor fati se reconnaît dans l'abandon des illusions de cause première, de Dieu, de culpabilité, de stabilité. Plus particulièrement, cet amor fati se reconnaît par l'acceptation de « l'Eternel Retour ».

8) L'Eternel Retour

La notion de l'éternel retour existe dans le Brahmanisme en lien avec la croyance de la réincarnation. Pour cette religion, sa fonction est de réparer les fautes passées afin d'être délivré du cycle infernal des réincarnations. On la trouve aussi chez les Grecs : le temps n'est qu'un cycle repassant par les mêmes évènements au terme de la grande année ; celle-ci s'embrasant dans une conflagration d'où surgit un monde neuf. Chez les Stoïciens, la croyance de l'éternel retour est liée à celle de la Sympathie universelle reliant ensemble tous les éléments du monde. À l'époque de Nietzsche, l'idée de l'éternel retour passait pour une hypothèse plausible en cosmologie.

Nietzsche va lui donner un sens moral. L'éternel retour permet de repérer les vrais adeptes de la morale de grand style, les vrais adorateurs de la vie sous toutes ses formes. L'éternel retour met l'homme devant ses responsabilités : est-il capable d'accepter les conséquences de ses actes sachant que ceux-ci et leurs conséquences se répéteront des milliers de fois dans des existences futures ?

Le concept Nietzschéen d'éternel retour signifie l'acquiescement le plus complet, le plus total à la vie sous toutes ses facettes, les plus joyeuses comme les plus douloureuses. C'est ce qui signifie Zarathoustra dans « le chant d'ivresse » : « Avez-vous jamais dit oui à un plaisir ? Ô mes amis, alors vous avez dit oui aussi à toute douleur. Toutes les choses sont enchevêtrées, amoureuses les unes des autres… Vous les éternels, aimez les plaisirs éternellement et tout le temps et à la douleur aussi dites : « Péris, mais reviens ». Car toute joie veut l'éternité », (Ainsi parlait Zarathoustra). Pour

Nietzsche, l'incarnation suprême du Surhomme, c'est le couple Dionysos-Appolon de la tragédie grecque.

IV – ACTUALISATION

La critique faite par Nietzsche de son époque est encore plus d'actualité pour penser notre monde postmoderne du XXIe siècle. Certes, aujourd'hui, c'en est fini des valeurs transcendantes et religieuses qui structuraient l'existence humaine au XIXe siècle. Le temps de « la mort de Dieu » est même dépassé. Les philosophies déconstructionistes du XXe siècle, celle de Lacan (1901-1981), celle de Foucault (1926-1984), Deleuze (1925-1995) et Derrida (1930-2004) ont pris la succession de celle de Marx (1818-1883) et Freud (1856-1939) , de celle de Nietzsche (1844-1900). Ceux-ci ont réduit l'homme à son inconscient pulsionnel ou à ses conditions économiques et sociales ; ceux-là l'ont assimilé à des jeux de pouvoir ou à des structures du langage. L'homme depuis, se trouve nu, réduit à sa pure individualité factuelle et contingente, livré aux forces économiques de la mondialisation et du capitalisme financier triomphant. Il a sombré dans un total nihilisme.

Il ne reste plus que des individus déstructurés, déterritorialisés, désaffiliés des anciennes communautés où ils trouvaient une identité et un sens à leur vie. Ils ne sont plus que des atomes isolés, livrés à la déferlante du capitalisme consumériste, hédoniste et nihiliste. Le prototype de cet homme postmoderne est typiquement représenté par les personnages de Houellebecq. Béatrice Levet, dans son livre, « Le crépuscule des idoles progressistes », écrit : « L'homme de Houellebecq est l'homme auquel ne reste que les fades passions démocratiques, la tranquillité, le bien-être, la sécurité, la prospérité dans l'indifférence parfaite à la civilisation dont il est l'héritier putatif… Et le vide existentiel corrode toute la vie humaine, y compris celle d'un universitaire comme François, le personnage de ce dernier roman », (p.26).

Les hommes postmodernes que nous sommes sont à l'opposé de l'homme aristocratique nietzschéen. Notre humanité s'épuise et s'amenuise, s'aliène et devient étrangère à elle-même en se contentant des jouissances médiocres de son ego, en se contemplant platement dans les selfies de son narcissisme, en se noyant dans une consommation frénétique, en se virtualisant dans les réseaux de la Toile.

Il est plus que temps de retrouver la tâche que Nietzsche s'était assignée : sauver l'homme en reconstruisant la vraie culture. Il est plus que temps d'en revenir à la longue et patiente lecture des grands auteurs passés, de retrouver en eux les racines de notre humanité et rendre ainsi possible la préparation d'un avenir digne de l'homme. Ce n'est pas un Surhomme qui doit surgir ; c'est une nouvelle Renaissance qu'il faut opérer. Il ne s'agit pas d'être révolutionnaire encore moins réactionnaire, mais conservateur au sens où l'entendait un maître de l'Université du XIIe siècle : « Nous sommes des nains juchés sur des épaules de géants ».

CONCLUSION

De son vivant, Nietzsche resta peu connu ; certains de ses livres durent être publiés à compte d'auteur. Un de ses premiers admirateurs en France, fut Hippolyte Taine (1828-1893) historien, philosophe et critique littéraire qui correspondit avec lui et donna à Paris un cours sur sa pensée. Ignoré en Allemagne dans un premier temps, ce n'est qu'à la fin de sa vie et au début du XXe siècle que sa philosophie se répandit dans toute l'Europe. Les Nazis voulurent s'inspirer de lui en déformant sa pensée. Mais Nietzsche était contre le pangermanisme et n'était pas antijuif. Son influence sera grande chez des hommes de lettres et les penseurs du XXe siècle : Camus, Gide, Thomas Mann, Bataille, Foucault, Deleuze lui doivent beaucoup. Aujourd'hui, nous sommes tous appelés à devenir un peu nietzschéen pour non pas survivre, mais vivre pleinement. Car l'analyse de la décadence européenne de Nietzche est plus que jamais d'actualité.

CONCLUSION

Au terme de notre cheminement philosophique, qu'en retirer, qu'en conserver ? Comment la richesse et la diversité, la complémentarité, mais aussi les dissonances entre les différents auteurs étudiés peuvent nous aider à mieux penser notre vie pour mieux la vivre, pour mener une vie « bonne » comme le cherchaient les philosophes grecs ? À la suite de ces derniers, les philosophes modernes nous proposent les leçons suivantes.

L'homme est un être de la nature animé de désirs et de passions. Nous n'avons pas à les craindre et à les condamner. Ce sont des sources d'énergie et d'action. Mais, laissés sans frein, ils risquent de nous entraîner à la démesure, à l'hubris ainsi que nous incite la civilisation hédoniste et consumériste actuelle. Il convient donc de bien les connaître, de les tempérer et de les utiliser à bon escient. Car comme le « conatus » de Spinoza, il nous faut participer à la puissance de la nature.

L'homme est un être de raison, raison qui nous permet de connaître, de penser et de réfléchir. Mais cette raison humaine à ses limites et elle est faillible. Il convient donc de la bien utiliser. Car, seule, elle peut nous aider à nous libérer du règne de l'opinion et de la « bien-pensance ». Rappelons-nous, le conseil pressant de Kant : « Sapere ande » : ose te servir de ton jugement.

L'homme est un être de la culture. C'est la culture qui le fait et le construit. Il est donc urgent de ne pas se contenter de naviguer sur la toile et d'échanger sur les réseaux sociaux. Il nous faut revenir à la lecture des œuvres littéraires et philosophiques, à la connaissance des avancées de la science, à la fréquentation des œuvres d'art. Tous les philosophes étaient des humanistes ; beaucoup connaissaient les langues anciennes. Ils se tenaient au courant de la science de leur temps ; certains comme Descartes et Leibniz furent de véritables savants.

L'homme est un être de l'histoire : il s'enracine dans un temps et un lieu. Contrairement à l'homme postmoderne qui ne veut dépendre que de lui-même, il convient que nous reconnaissions notre dette vis-à-vis de nos devanciers et que nous nourrissions de leur apport. Fidèles en cela aux leçons de Hegel sur l'histoire.

L'homme est un être moral. C'est dans la fidélité à ses devoirs familiaux, professionnels, civiques et politiques qu'il acquiert une densité d'être. En assumant le fameux « Tu dois, donc tu peux » de Kant, il se libère de son ego étroit et narcissique.

L'homme est un être ouvert sur l'Etre divin. Les biens matériels et le règne de l'avoir ne peuvent durablement le contenter. Il y a en lui un appel vers l'Infini comme l'expérimente Descartes. Il y a en lui une dimension spirituelle et transcendante comme nous le dit Kierkegaard. Répondre à cet appel, c'est trouver un achèvement.

Notre époque postmoderne a rompu avec l'humanisme équilibré et harmonieux de la Renaissance et des Lumières. Il sombre dans la démesure de l'hubris. Il est urgent d'instituer un Nouvel Humanisme qui prenant acte des formidables avancées scientifiques de notre XXIe siècle, sache les réguler et leur donner un sens. Afin que nous puissions mieux penser notre existence pour mieux la vivre.

Table des matières

3e partie
LA PHILOSOPHIE DES LUMIÈRES FRANÇAISES

4e partie
LA PHILOSOPHIE KANTIENNE

5e partie
LA PHILOSOPHIE DE L'HISTOIRE

6e PARTIE
LA PHILOSOPHIE TRAGIQUE

Structures éditoriales du groupe L'Harmattan

L'Harmattan Italie
Via degli Artisti, 15
10124 Torino
harmattan.italia@gmail.com

L'Harmattan Hongrie
Kossuth l. u. 14-16.
1053 Budapest
harmattan@harmattan.hu

L'Harmattan Sénégal
10 VDN en face Mermoz
BP 45034 Dakar-Fann
senharmattan@gmail.com

L'Harmattan Cameroun
TSINGA/FECAFOOT
BP 11486 Yaoundé
inkoukam@gmail.com

L'Harmattan Burkina Faso
Achille Somé – tengnule@hotmail.fr

L'Harmattan Guinée
Almamya, rue KA 028 OKB Agency
BP 3470 Conakry
harmattanguinee@yahoo.fr

L'Harmattan RDC
185, avenue Nyangwe
Commune de Lingwala – Kinshasa
matangilamusadila@yahoo.fr

L'Harmattan Congo
67, boulevard Denis-Sassou-N'Guesso
BP 2874 Brazzaville
harmattan.congo@yahoo.fr

L'Harmattan Mali
Sirakoro-Meguetana V31
Bamako
syllaka@yahoo.fr

L'Harmattan Togo
Djidjole – Lomé
Maison Amela
face EPP BATOME
ddamela@aol.com

L'Harmattan Côte d'Ivoire
Résidence Karl – Cité des Arts
Abidjan-Cocody
03 BP 1588 Abidjan
espace_harmattan.ci@hotmail.fr

L'Harmattan Algérie
22, rue Moulay-Mohamed
31000 Oran
info2@harmattan-algerie.com

L'Harmattan Maroc
5, rue Ferrane-Kouicha, Talaâ-Elkbira
Chrableyine, Fès-Médine
30000 Fès
harmattan.maroc@gmail.com

Nos librairies en France

Librairie internationale
16, rue des Écoles – 75005 Paris
librairie.internationale@harmattan.fr
01 40 46 79 11
www.librairieharmattan.com

Librairie l'Espace Harmattan
21 bis, rue des Écoles – 75005 Paris
librairie.espace@harmattan.fr
01 43 29 49 42

Lib. sciences humaines & histoire
21, rue des Écoles – 75005 Paris
librairie.sh@harmattan.fr
01 46 34 13 71
www.librairieharmattansh.com

Lib. Méditerranée & Moyen-Orient
7, rue des Carmes – 75005 Paris
librairie.mediterranee@harmattan.fr
01 43 29 71 15

Librairie Le Lucernaire
53, rue Notre-Dame-des-Champs – 75006 Paris
librairie@lucernaire.fr
01 42 22 67 13

www.ingramcontent.com/pod-product-compliance
Lightning Source LLC
LaVergne TN
LVHW010429230826
846092LV00009BA/1101

* 9 7 8 2 3 4 3 1 7 9 5 7 5 *